Susanna Tamaro in BUR

Anima Mundi
Un libro sulle amicizie perdute e ritrovate, la storia di Walter, adolescente
cresciuto in una famiglia senza amore, e del suo grande legame con Andrea.
Scrittori Contemporanei - Pagine 340 - ISBN 1700354

Cara Mathilda
Una anno di lettere spedite a un'amica lontana, tornata a vivere nel suo Paese,
l'Africa. Un libro pieno di suggestioni e riflessioni profonde, in cui l'autrice parla
di libertà, di fede e dei grandi temi della vita.
Scrittori Contemporanei - Pagine 208 - ISBN 1710812

Ogni parola è un seme
La percezione della bellezza e dell'armonia apre alla gioia, eppure i nostri giorni
sono sordi, l'uomo contemporaneo è affetto da "grandi inquietudini spirituali"
e incline ad "agghiaccianti fanatismi".
Scrittori Contemporanei - Pagine 126 - ISBN 1704445

Luisito
L'amicizia insolita tra una maestra in pensione, vedova e sola, e un pappagallo,
Luisito, che le farà scoprire di nuovo il senso della vita.
BURextra - Pagine 120 - ISBN 1702852

Per voce sola
Cinque racconti, come un romanzo sul male di vivere. Infanzia e memoria, senti-
mento e comprensione, storie atroci e dolcissime di bambini soli e infelici.
Scrittori Contemporanei - Pagine 208 - ISBN 1712947

Più fuoco, più vento
Una corrispondenza immaginaria tra l'autrice e una ragazza di poco più di
vent'anni alla ricerca di un senso più alto dell'esistenza.
Scrittori Contemporanei - Pagine 140 - ISBN 1700550

Rispondimi
I racconti con cui l'autrice ha interrotto un silenzio di quattro anni per tornare
sulla scena letteraria. Tre ispirate storie di donne e di dolore.
Scrittori Contemporanei - Pagine 238 - ISBN 17129480

Va' dove ti porta il cuore
Una lettera d'amore e una pacata ma appassionata confessione a cuore aperto di
un'intera vita che nel gesto della scrittura ritrova finalmente il senso della propria
esperienza e della propria identità.
Scrittori Contemporanei - Pagine 196 - ISBN 1703978

Verso casa
Un percorso spirituale di testi che ricordano l'itinerario del figliol prodigo, fatto
di ritorni, perchè tornare a casa significhi comunque ritrovarsi cambiati.
Scrittori Contemporanei - Pagine 96 - ISBN 1700892

Susanna Tamaro

Fuori

Proprietà letteraria riservata
© 2003 Limmat Stiftung
© 2003 RCS Libri S.p.A., Milano

ISBN 978-88-17-04845-3

Prima edizione Rizzoli 2003
Prima edizione BUR Scrittori Contemporanei 2005
Prima edizione BUR I libri di Susanna Tamaro marzo 2011

www.susannatamaro.it

Fuori

Cosa dice il vento?

Nabila non ricordava di aver vissuto un giorno solo senza la paura del buio. I suoi fratelli l'avevano sempre presa in giro per questo, appena c'era un po' di oscurità, da dietro le pizzicavano un braccio o la schiena, oppure nascosti in un angolo miagolavano come gatti selvatici, poi balzavano fuori gridando: «Ecco il mostro, ecco il demone triturasabbia nei denti».

A questi scherzi Nabila non era mai riuscita a ridere, urlava di spavento e scoppiava a piangere nel buio.

Le succedeva così a cinque anni e a dieci era esattamente la stessa cosa.

Quando ne compì dodici, la madre la portò da una anziana del villaggio esperta di queste cose.

La vecchia aveva voluto sapere tutto del parto: quando era avvenuto, di notte o di giorno? Durante il travaglio aveva sentito qualche verso strano? Era entrato nella stanza un pipistrello o qualche animale del genere? La bambina era nata con la camicia? Era coperta di peli? Al termine, la donna aveva messo le mani intorno alla testa della ragazza e aveva concluso: «Quando si sposerà le passerà tutto».

«Hai visto?» le aveva detto quella sera la madre, «non c'è proprio niente, di notte ci sono le stesse cose che di giorno. Solo che non si vedono.»

Nabila aveva annuito e si era addormentata.

Alle tre però si era svegliata di soprassalto. Loro erano di nuovo là, danzavano con abiti colorati intorno alla sua stuoia.

«Nabila», le sussurravano con voci oscene, «povera sciocca, come potevi pensare di liberarti di noi?» Poi erano scoppiati a ridere, ridevano con il verso dei maiali selvatici.

Nabila non aveva mai detto a nessuno di aver paura non del buio, ma dei demoni che vi abitavano dentro. Venivano a trovarla quasi ogni notte e le dicevano tante cose brutte.

Ma non era una cosa buona per una bambina vedere i demoni, per questo era stata zitta.

Una volta la nonna le aveva spiegato che i demoni abitano in ogni cosa: c'è il demone dell'acqua e quello della scodella, il demone del legno di cui è fatto il tavolo. Ogni cosa ha due demoni, un demone buono e uno cattivo: sta a noi chiamare gli uni piuttosto che gli altri, ingraziarseli o metterseli contro. I demoni buoni Nabila non li aveva mai visti, li invocava ogni sera con lunghi discorsi prima di chiudere gli occhi, ma sempre senza successo.

Se non vengono, pensava allora, vuol dire che in me non c'è nessun demone buono, al momento della mia nascita il mio era distratto o lontano, anche se non ho fatto niente di male mi ha lasciata sola.

A diciassette anni, Nabila si era sposata. Con il matrimonio i demoni se ne erano andati, come la vecchia aveva predetto.

Tre anni dopo, era nato Raj. Il parto era avvenuto di notte e molto in anticipo sulla data prevista. Quella notte Tiru non era a casa. Appena la levatrice le aveva mostrato il bambino, Nabila aveva intravisto dietro di lui un'ombra verdognola che si muoveva come una medusa tra le onde, poi era sparita.

I primi tre anni erano stati tranquilli. Il bambino cresceva bene, aveva preso tutto dal padre e nulla da lei. Così aveva creduto Nabila.

Fino alla notte in cui Tiru era scomparso.

Quella notte, Raj si era svegliato e aveva cominciato a urlare con gli occhi sbarrati. Ora sapeva che qualcosa da lei aveva ereditato: la paura della notte e dei demoni.

Che Tiru era stato ucciso, l'aveva saputo due giorni dopo: qualcuno, prima dell'alba, le aveva buttato sulla porta la testa di un maiale selvatico. Per giorni avevano cercato il corpo nella foresta, senza trovarlo.

Dopo una settimana c'era stata la cerimonia funebre e Nabila era diventata ufficialmente vedova, la moglie coraggiosa e forte di uno dei tanti martiri. Gli occhi di Raj si erano fatti più grandi e più bianchi, il bambino guardava spesso davanti a sé come andasse con lo sguardo in un altro mondo.

Un pomeriggio Nabila l'aveva trovato davanti alla porta di casa; nell'aria si sentiva un forte odore di cannella, gli animali della foresta stavano cominciando il frastuono del crepuscolo. Era seduto con i gomiti puntati sulle ginocchia, come un grande. Nabila gli aveva sfiorato una spalla, lui senza voltarsi aveva detto piano: «Dov'è papà? Perché, se lo chiamo non viene?».

Nabila aveva soggezione di suo figlio, non riusciva a capire tutto ciò che gli passava nella testa. Si era seduta sul gradino accanto a lui, se lo era preso in braccio.

«Papà non può più tornare da noi» gli aveva detto piano. «È morto.»

«Cosa vuole dire morto?»

«Vuol dire che se n'è andato lontano.»

«Lontano dove?»

Nabila era restata un attimo in silenzio, poi aveva continuato: «Dove è andata anche la nonna. È un posto bellissimo che noi non vediamo, una grande pianura, si può correre da una parte all'altra e si è sempre felici. Ci sono alberi da frutta, animali, torrenti con acqua freschissima, l'aria è sempre mite e non ci sono mai i monsoni».

«E perché non ha portato anche noi?»

Nabila non aveva risposto subito.

«Un giorno andremo anche noi lassù.»

«Perché non adesso?»

«Perché dobbiamo fare tante cose, prima. Devi andare a scuola, diventare grande.»

«Io voglio diventare morto» aveva risposto Raj muovendo un piede nel terriccio.

"Anch'io" avrebbe voluto rispondere Nabila. Invece aveva detto: «Non siamo noi a deciderlo. Non lo aveva deciso il papà, neanche la nonna lo aveva deciso».

«Chi lo decide allora?» aveva chiesto Raj.

In quell'istante alle loro spalle si era levata una brezza leggera, portava con sé l'odore umido e caldo della foresta, la sommità delle palme da cocco davanti casa cominciò a crepitare.

«Lo senti il vento?»

Come un animale che annusa l'aria, Raj aveva sollevato un po' la testa. «Lo sento.»

«Il vento è come un'onda. Tra noi e la grande pianura c'è il vento, è lui che porta le parole di quelli che sono morti.»

«Il papà parla con il vento?»

«Il papà, la nonna, tutti quelli che non sono più sotto i nostri occhi.»

«Ci vedono?»

«Ci vedono e ci parlano.»

«Ma io non sento niente» aveva risposto Raj senza guardarla negli occhi.

Allora Nabila si era chinata su di lui, gli aveva soffiato dolcemente sul volto. «Cosa dice il vento?»

Il bambino aveva alzato le spalle. Lei aveva ripetuto il soffio.

«Dice qualcosa?» aveva domandato timidamente Raj.

Dice: «Non aver paura perché sono con te, Raj. Devi crescere e diventare forte e coraggioso come me».

«Era coraggioso, papà?» chiese.

«Più coraggioso di una tigre con i cuccioli.»

«E tu?»

Nabila rimase in silenzio, gli soffiò un'altra volta sugli occhi.

«Cosa dice il vento?» domandò Raj.

«Il vento dice che è tardi e devi dormire.»

Mentre viaggiavano nascosti nella stiva della nave che li avrebbe portati in Europa, Nabila aveva cercato di dare una risposta alla domanda che le aveva fatto il bambino, mesi prima.

Era stato un atto di coraggio lasciare il suo paese? O invece era stata vigliaccheria?

Ogni volta si dava una risposta diversa. La mattina appena sveglia si diceva: è coraggio, perché ci vuole coraggio per andare a vivere da sola, e con un bambino di quattro anni, in un paese che non si conosce. A mezzogiorno, però, era già convinta di essere una vigliacca. Coraggio avrebbe voluto dire rimanere, continuare la lotta intrapresa da suo marito e dagli altri Tamil per la libertà del loro popolo. Ma cosa avrebbe potuto fare una vedova, per di più con un figlio piccolo? No, andarsene era stata la scelta più giusta. E allora perché – le diceva subito dopo una voce – se sei così convinta di aver ragione, perché non hai avvisato nessuno della tua partenza? Perché non ho più nessun parente, si rispondeva da sola. Ma anche rispondendosi, sapeva che non era del tutto vero.

Non voleva confessarsi che era tornata l'ossessione dei demoni. Quando, tanti anni prima, sua madre l'aveva portata dalla donna anziana, non aveva avuto la forza di dire che non era il buio in sé a farle paura ma tutto quello che era nascosto dentro. Perché non l'aveva fatto? A quel tempo, forse sarebbe stato ancora possibile salvarsi. La vecchia conosceva tanti riti, ne avrebbe celebrato uno apposta per il suo caso: in poco tempo avrebbe chiamato a vegliare su di lei il suo demone buono e quelli cattivi se ne sarebbero andati. Lei finalmente sarebbe stata libera.

Invece non era andata così. Tra tanti uomini che potevano morire era morto proprio Tiru, suo marito. Perché lui e non un altro? C'erano donne che vivevano tutta la vita con il marito accanto.

Durante i lunghi giorni del viaggio, il bambino non aveva fatto altro che urlare. Erano partiti dal villaggio prima che sorgesse l'alba. Si erano imbarcati sulla nave la notte seguente. Non c'era neppure una luce nella stiva dove erano nascosti.

Nelle prime ore di navigazione, Nabila aveva provato a scherzare. «Guarda, Raj», aveva detto fingendo di svolazzare tra i sacchi di tè che ingombravano la stiva, «sono più brava di un pipistrello.»

Lui la guardava ed era come se non la vedesse, non diceva niente, stava seduto con le mani abbandonate in grembo.

Più tardi si era addormentato, vinto dal caldo e dal rumore delle macchine, Nabila l'aveva guardato per tutta la durata del sonno. Si era svegliato di colpo, spaventato.

«Il sole è morto!» aveva gridato, rizzandosi a sedere.

Nabila l'aveva preso tra le braccia, cercando di cullarlo. Il suo corpo era completamente rigido.

«Ma no, Raj», gli sussurrava, «cosa dici, il sole non muore mai. È al di là della parete, siamo noi che non possiamo vederlo.»

«È morto!» continuava a gridare lui. «Io ho paura. È tanto tempo che non c'è più, è morto.»

«Chiediamolo al vento» aveva detto allora Nabila.

Dopo qualche soffio Raj si era calmato.

«Cosa dice il vento?» aveva chiesto, abbandonando la testa sulla spalla della madre.

«Il vento dice che non devi avere paura, il sole c'è sempre e sempre splenderà sulla tua vita.»

Dieci giorni dopo erano sbarcati a Fiume.

Era notte e cadeva una pioggerellina fredda e leggera.

Raj dormiva già e Nabila, per proteggerlo dall'acqua, lo aveva avvolto in un lembo del suo *saari*.

In quella città avevano trascorso tre giorni. Stavano in un appartamento con le imposte chiuse. Con loro c'erano altre tre persone che parlavano una lingua incomprensibile. Una volta al giorno veniva un uomo a portare delle bibite e dei panini.

«Siamo arrivati?» aveva chiesto Raj appena sveglio.

Dalle persiane accostate filtrava un raggio di sole. Nabila glielo aveva mostrato: «Quasi».

Nella casa stavano tutti zitti. Aspettavano.

Gli unici a fare un po' di rumore erano due ragazzi con gli occhi tirati e i capelli neri lisci che giocavano a carte.

Seduta in un angolo, con Raj in braccio, Nabila cantava piano delle nenie che lo facevano sentire a casa.

Una notte, mentre gli altri dormivano distesi sul pavimento, Nabila si era alzata e aveva cominciato a camminare per le stanze.

I due ragazzi stavano sdraiati con la testa posata sul braccio, la donna del loro stesso paese dormiva rannicchiata su se stessa come fosse il guscio di una chiocciola. Anche Raj era raggomitolato in quel modo, aveva in mano un fazzoletto e lo premeva forte contro una guancia.

Guardandolo, Nabila notò che anche nel sonno il suo bambino aveva un'espressione triste, la fronte non era distesa, le labbra erano contratte, rivolte verso il basso. Così piccolo è già stanco e deluso. Deluso e stanco come può esserlo un vecchio.

In punta di piedi si avvicinò alla finestra e guardò fuori dagli spiragli delle imposte. Pioveva di nuovo, sotto c'era una strada asfaltata e un semaforo. Il semaforo aveva una luce arancione, si accendeva e spegneva con ritmo regolare. Ogni tanto passavano delle macchine. Invece di rallentare all'altezza del semaforo, andavano più forte.

Vorrei avere la loro sicurezza, pensò Nabila, essere certa che se passo e accelero non mi succederà niente, oppure la loro incoscienza, agire come quando da ragazzi, nelle giornate calde, ci si getta in acqua da una roccia.

Nabila sospirò, passò un dito sull'imposta, lo sollevò impolverato. Alle sue spalle qualcuno russava. La donna parlava nel sonno, più che parlare pigolava, sembrava chiamasse un bambino. Passandole accanto, Nabila si accorse che le sue labbra tremavano come se stesse per piangere.

Il sonno svela tutto, si trovò a pensare, nel sonno mostriamo la paura come i venditori espongono la merce al mercato. Così i demoni, a uno a uno, ci scelgono dal mazzo, volano sui corpi addormentati, da un gemito, da una smorfia capiscono ogni cosa. Sono fedeli, affezionati. Quando trovano una persona adatta non la lasciano più. Sanno che la persona giusta è come una porta chiusa male, basta insistere poco per riuscire a sfondare.

Non a caso i demoni se ne erano andati appena si era sposata con Tiru. Non a caso, dopo la sua morte, erano tornati. Nel sonno, il volto di Tiru era sereno e forte com'era da sveglio. Anche la notte in cui l'avevano portato via, poco prima dell'irruzione dei soldati, l'aveva guardato dormire.

Nabila tornò alla finestra, la schiuse piano. Da un lato, in fondo, il cielo cominciava a essere più chiaro.

C'erano tanti palazzi davanti, uguali e tutti in fila. Tra di loro crescevano degli alberi così malati e sottili che dovevano essere sostenuti da pali.

Inquadrati dalla finestra s'affacciavano i rami di un albero grande. Era senza foglie, al loro posto c'erano impigliati dei sacchetti di plastica.

Uno era così vicino che Nabila avrebbe potuto toccarlo. Il vento lo gonfiava e lo sgonfiava come la gola di una rana. Invece di gracidare, crepitava. Sembrava volesse parlare. "È davvero morto Tiru?" gli domandò Nabila con il pensiero. Il sacchetto restò per un po' floscio, poi si gonfiò tutto. Cominciò a dimenarsi. Dentro di lui c'era una forza tremenda. Si staccò prima un manico e poi l'altro, Nabila lo vide volare verso i palazzi di fronte.

L'imposta sbatté con violenza. Nabila la richiuse e tornò a guardare l'interno. La stanza era di nuovo al buio, tutti dormivano, Raj non aveva cambiato posizione.

Sulla sua testa correva una piccola luce,

danzava sospesa nell'aria, illuminandogli il volto.

«Tiru...» sussurrò Nabila, avvicinandosi. La fiammella fece una piroetta su se stessa, divenne più intensa e poi si spense. Nabila si coricò al fianco di Raj, coprendosi il viso con un telo.

«Tiru», disse prima di addormentarsi, «tu che hai il potere di farlo, vola nei giorni futuri. Dimmi se io e tuo figlio saremo felici.»

Il mattino dopo venne un uomo che non avevano mai visto prima. Aveva una grande pancia, i suoi capelli erano corti sulla fronte e lunghi sul collo.

Si fece consegnare i dollari e i passaporti. Inumidendosi il pollice contò i soldi di ognuno due volte. Poi prese un foglio di carta bianca, lo aprì per terra e si sedette accanto. Con una penna blu tracciò una linea che lo divideva in due parti. A sinistra scrisse ITALIA, a destra abbozzò degli alberi e disegnò dei quadratini: le case. Poi indicò loro con il dito e tracciò degli omini. Dagli omini partiva una freccia, la freccia andava in Italia. Era la strada che dovevano percorrere. Quando ebbe finito il disegno, prese dal taschino una penna rossa. Lungo il confine disegnò delle nuvolette e accanto scrisse BUM!

Raj era in braccio a Nabila, seguiva tutto con attenzione.

«È un gioco, mamma?» domandò mentre il signore faceva «BUM».

Nabila gli accarezzò i capelli. «Sì» gli mormorò piano in un orecchio. «È un gioco. Dobbiamo trovare un tesoro.»

A quel punto l'uomo si alzò e disse: «Orrait?!».

«Orrait» rispose uno dei ragazzi che giocavano a carte.

Al braccio l'uomo portava un grosso orologio nero. Giunto alla porta batté due dita sul quadrante, poi alzò la mano aperta.

«Orrait?!» ripeté e uscì dalla stanza.

Alle cinque del pomeriggio, il sole era scomparso. L'uomo arrivò puntuale, li divise in due gruppi. Con l'ascensore li fece scendere fino al garage dove, ad attenderli, trovarono un furgone bianco con il portellone aperto. Dietro non c'era nessuna finestra per guardare fuori. Per un po' Nabila sentì solo il rumore del traffico. Quando il ronzìo si affievolì, capì che avevano lasciato la città. Raj era agitato.

«Dove stiamo andando?» domandò seduto sulle sue ginocchia.

«Ti ricordi il signore di questa mattina?»

Raj annuì.

«Andiamo a cercare il tesoro.»

Per la prima volta da quando erano partiti, Nabila vide una luce diversa negli occhi del bambino.

«Se lo troviamo noi è nostro?» chiese dopo una pausa.

Nabila prese le manine del figlio tra le sue. Erano fredde, quasi ghiacciate. Con le labbra gli sfiorò la fronte. «Ti senti bene, Raj?» domandò.

«È nostro, il tesoro?» ripeté Raj.

«Sì, sarà nostro per sempre» rispose Nabila.

«Ma che tesoro è?»

Invece di rispondergli la madre gli soffiò sugli occhi.

«Cosa dice il vento?» domandò Raj.

«Il vento dice che Raj deve dormire.»

«Perché devo dormire?»

«Perché la caccia sarà lunga e faticosa. E se non sei riposato, non troverai il tesoro.»

Raj ubbidì subito, si distese tra le sue braccia e chiuse gli occhi. Nabila gli toccò le gambe, anche le gambe erano gelate. Respirando notò che davanti al naso e alla bocca si formava una nuvoletta. Il bambino era scalzo e addosso aveva soltanto le mutande e una maglia con le maniche corte.

Nabila avrebbe voluto battersi un pugno in testa. Come aveva fatto a dimenticarsi dell'inverno? Suo fratello gliene aveva parlato in tante lettere. Una volta le aveva persino mandato una cartolina dove si vedevano dei monti tutti bianchi, coperti di neve. Aveva accompagnato lì a Natale la famiglia per cui lavorava. Dietro, dopo i saluti e gli auguri, aveva scritto: "Qui fa talmente freddo che è meglio non mettere il naso fuori della porta".

La notte in cui era partita, Nabila aveva fretta e paura. A parte tutti i risparmi di Tiru, con sé non aveva preso altro. Non aveva pensato a niente se non a fuggire, a lasciare dietro di sé i demoni. La fretta e la paura le avevano fatto dimenticare l'inverno.

Nabila si soffiò forte sulle mani, le sfregò una contro l'altra. Appena furono calde, sfregò le gambe del bambino, le gambe e le braccia, le passò avanti e indietro su tutto il corpo come passano le vacche la lingua sul vitellino.

Il percorso non fu lungo. Dopo un'ora, Nabila sentì che la strada non era più di asfalto ma di sassi. Il furgone sbandava, sobbalzava, dovevano tenersi forte per non sbattere uno contro l'altro. L'uomo spense il motore. In lontananza delle campane batterono sette rintocchi. L'uomo aprì la portiera, scesero e si trovarono davanti a un bosco.

Era un bosco diverso da tutti quelli che Nabila aveva visto nella sua vita. C'erano tanti alberi magri e tristi come vecchi signori, sotto di loro nessuna pianta, il terreno era sgombro come un campo di calcio. Sarà più facile così, pensò Nabila.

Raj intanto si era svegliato.

«Perché non c'è il sole?» aveva chiesto.

«Perché i tesori si cercano di notte» gli aveva risposto la madre.

L'uomo stava di fronte a loro. Con un braccio alzato indicava una direzione. I due ragazzi che giocavano a carte cominciarono a muoversi, la donna li seguì subito dopo. Nabila guardava il bosco, sentiva il nero della notte entrarle dentro come un liquido scuro, si mischiava con il sangue e le saliva alla testa. Aveva paura.

«Go!» esclamò l'uomo. «Go!»

Poi, visto che Nabila non si muoveva, la afferrò per le spalle e la spinse avanti. «Schnell!»

Nabila cominciò a camminare, le gambe erano pesanti come vasi pieni di sabbia. Non erano sue, erano di qualcun altro, di qualcuno che aveva voglia di buttarsi a terra e piangere.

Raj scalciò come se lei fosse un cavallo indolente.

«Mamma», gridò, «gli altri sono già laggiù!»

Nabila alzò lo sguardo, scorse le sagome degli altri lontane sulla collina. Allora accelerò il passo.

Il furgone si era messo in moto alle loro spalle. Lo sentirono scendere piano lungo i tornanti della strada bianca fino a scomparire.

Di colpo, Nabila si rese conto che lì la notte era muta. Non c'era il frastuono di animali come da loro. Non c'erano ruggiti, gemiti, non c'erano pigolii.

Per un po' camminarono in silenzio, alla luce incerta della luna.

Ben presto Nabila si rese conto di non farcela a stare al passo con gli altri. Lei aveva il bambino, il bambino pesava. Se anche l'avesse messo a terra, avrebbe camminato lento. Quando furono quasi sulla cima della collina, Nabila si fermò a guardare indietro.

Qua e là sparse per i campi si intravedevano delle case. Le finestre erano illuminate. Ogni tanto dietro ai vetri si vedeva passare la sagoma di una persona. La luce era gialla, intensa, doveva fare caldo là dentro.

Erano quelle le case che l'uomo aveva disegnato sulla carta? O erano dall'altra parte?

Nabila si accorse di non ricordare più niente. La notte era il regno dei demoni, erano loro a confonderle le idee. Vide la sua casa, l'aria profumata della notte entrava dalla porta aperta. Perché se ne era andata? Ora tutto le sembrava una follia. Avrebbe voluto che qualcuno la prendesse per mano e la guidasse, avrebbe voluto non decidere né fare più niente. Sono piccola, disse dentro di sé, e cammino tenendo sulle spalle una pietra pesante. Chi l'ha messa? Perché non mi sono accorta quando la mettevano? Forse sono già nata con questo peso sulla schiena, porterò la pietra con me fino a quando lei stessa non chiuderà la mia tomba.

Raj le toccò una spalla. «Mamma, perché non andiamo avanti?»

In quell'istante sopra di loro un uccello fece il suo verso. Era un miagolio triste, se non fosse arrivato da un albero avrebbe potuto essere il pianto di un bambino.

«Chi è?» domandò Raj.

«È un amico», rispose la madre riprendendo a camminare. «Ci dice la strada giusta dove andare.»

Ora il viottolo scendeva dalla collina. Non c'erano case né garitte dei soldati. Per terra solo aghi di pino ghiacciati che scricchiolavano ad ogni passo come fossero pezzi di vetro.

Tra le cime degli alberi, a tratti, si intravedeva il cielo, la luna era coperta da una nuvola gonfia e biancastra. Dietro di lei, altre nuvole sospinte dal vento stavano correndo a coprire le stelle. Un refolo, come fosse una mano ghiacciata, la fece rabbrividire passando attraverso il bosco.

Nabila cercò di tenere chiuso il *saari*. I tronchi intorno scricchiolavano così forte che sembrava volessero rompersi.

«Quanto manca?» domandò Raj.

«Pochissimo», rispose Nabila e si chinò a baciarlo sulla fronte. La fronte scottava. Il piccolo torace seminudo si alzava e si abbassava rapido come se Raj avesse corso. «Hai freddo?» domandò Nabila.

«Ho tanto sonno», rispose il bambino.

Nabila lo sfregò con le mani.

«Adesso troviamo un posto dove dormire. Un posto caldo dove aspettare l'alba.»

La luna era di nuovo libera, faceva scendere tra i rami la sua luce fredda. Nabila inciampò su una pietra e si ruppe un sandalo. Si tolse anche l'altro e lo gettò via.

Ormai era un po' che erano in marcia. Da quanto tempo avevano lasciato il furgone? Da un'ora, da due ore, da quattro? Quanto mancava ancora al confine? Come avrebbero fatto a sapere che l'avevano passato?

Doveva trovare un luogo riparato in cui far riposare Raj. Un luogo dove non soffiasse il vento, dove ci fossero delle foglie per coprirlo.

A un tratto, in fondo a una radura, le parve di scorgere una zona più scura, l'ingresso di una caverna?

Proprio mentre si stava dirigendo verso quel riparo, si accorse di un cartello a metà del prato. Era grande, più alto di Nabila.

Sopra, nell'oscurità, si intravedevano tante scritte. Nabila provò a leggerne una, lesse senza capire niente. Alla fine dello scritto c'era un numero: 300. Nabila sentì il cuore accelerare nel petto. Alzò il braccio libero e toccò la scritta: 300. Non poteva essere che così: da trecento metri aveva passato il confine.

Era in Italia.

Strinse forte Raj, lo baciò sugli occhi. Lui aprì appena una fessura.

«Ce l'abbiamo fatta!» gli disse la madre.

Raj sollevò di più le palpebre. «Abbiamo trovato il tesoro?»

«Sì» rispose Nabila. Poi aggiunse più piano «quasi.»

La cosa scura che aveva intravisto in fondo alla radura era davvero una caverna. Nabila sentì sotto i piedi i sassi coperti di muschio scivoloso. Sul naso le cadde una goccia bagnata. Avanzò nel buio per un metro o due, la distanza necessaria per mettersi al riparo dal vento, poi adagiò Raj a terra.

Là, nella grotta, il vento faceva quasi più paura che fuori. La sua voce era più grande, potente, ululava come mille demoni messi assieme. Per un istante Nabila pensò che era stata incauta a entrare là dentro, ci poteva essere una tigre o qualche altro animale selvatico. Invocò forte il nome del marito e subito le fu chiara

27

un'idea, non doveva permettere che Raj si addormentasse. Lo scosse chiamandolo per nome. Il piccolo rispose debolmente. Nabila lo sollevò in braccio e lo scosse più forte. Toccandolo si rese conto di avere anche lei le mani ghiacciate. Toccava le cose ed era come se non le avesse toccate. Sfiorò le braccia di Raj con le labbra, con le labbra sfiorò le gambe. Ebbe la sensazione di baciare una pietra, qualcosa di duro e di freddo.

«Ascolta Raj», disse piano parlandogli nell'orecchio, «vuoi che ti racconti del tesoro?»

Raj si mosse debolmente, emise un gemito che sembrava un sì.

«Il nostro tesoro», cominciò, «è raccolto in dieci casse tempestate di diamanti. Su ogni cassa c'è un pappagallo di un colore diverso. Sono loro a fare da guardia al tesoro. Aprono le casse soltanto quando sentono la parola magica. E sai qual è la parola magica? Lo sai? La parola magica è Italia.»

Nabila si fermò. Raj non stava ascoltando la storia. Il suo corpo era stato percorso da due lunghi brividi, il suo respiro si era fatto più leggero. Allora, come un animale selvatico, si raggomitolò su di lui. In quella posizione all'improvviso Nabila si sentì stanca, molto stanca. Pensò: chiudo gli occhi un attimo, solo un attimo. E dopo un istante vide una grande villa bianca con le colonne davanti. Era la villa dove lavorava suo fratello. Lei era sola e avanzava lungo il viale che conduceva all'ingresso. Le persiane erano chiuse, anche alla porta non sembrava esserci nessuno. Solo quando fu più vicina si accorse che, sotto le colonne, c'era Raj. Era vestito come i suoi cuginetti nella foto che il fratello aveva mandato: blue jeans, una maglietta, scarpe da ginnastica e sulle spalle uno zainetto di tutti i colori. Alzava il braccio per salutarla. «Raj!» chiamò nel sogno a gran voce. Raj si alzò in punta di piedi, la vide. La bocca per il sorriso gli andò fino alle orecchie. «Mamma!» gridò salutandola con le due mani aperte. A quel punto all'interno della casa scoppiò un boato, per lo spostamento d'aria le imposte si staccarono dai muri e così le porte. C'era una forza terribile dietro di loro. Quella forza non era un uragano o un tifone, ma una cascata di migliaia di milioni di monete d'oro e d'argento, cadevano dall'alto con frastuono, sembrava volessero distruggere ogni cosa. «Scappa!» gridò allora Nabila. «Scappa!» Ma Raj pareva non sentirla. Guardava i soldi che gli piovevano sulla testa, le gambe già erano sepolte dalle monete. Nel tempo di un respiro tutto il corpo sparì. «Rajiiiiiii!» gridò allora Nabila e si svegliò con il rimbombo della sua stessa voce nella caverna.

La schiena era tutta bagnata, coperta di sudore ghiacciato. Dove sono? pensò. Cosa succede? Poi sentì Raj sotto di sé. Respirava come un uccellino appena nato. Appoggiò la guancia contro il suo naso. Respirava ancora. Nabila si fece forza e si alzò da terra.

«Via», disse a Raj. «Dobbiamo metterci in marcia.»

Il vento fuori soffiava con più violenza. Dal cielo cadeva una polvere fredda e bianca. Le raffiche gliela sbattevano in faccia, sulle braccia, sulle gambe. Erano taglienti.

Nabila faceva fatica a tenere gli occhi aperti. A un tratto le parve di sentirsi chiamare.

«Chi è?» gridò, girandosi intorno come un cieco.

Poi lo vide, era vicino alla grotta. Mandava una luce verdognola, il suo corpo trasparente si muoveva come il vento. Rideva con cattiveria.

«Nabila», latrò verso di lei, «povera sciocca! Credevi di sfuggire al nostro volere invece gli sei andata incontro a braccia aperte!» Dopo aver lanciato un ultimo ghigno da maiale, si dissolse nel buio della notte.

Nabila sentì crescere dentro di sé un'energia tremenda, l'energia che aveva Tiru, l'energia della tigre che difende i cuccioli. Alzò la mano libera in aria con il pugno chiuso e «infami», gridò con una voce che usciva dallo stomaco, «maledetti! È la rabbia che vi fa parlare! Io e Raj ce l'abbiamo fatta. Siamo già in salvo, in salvo! Avete capito?!».

Il vento rispose schiantando un grosso ramo. Si staccò dalla sommità di un pino, cadde qualche metro davanti a Nabila.

Passandogli vicino gli mollò un calcio e proseguì verso il sentiero marciando come un soldato. Non aveva più fame, non aveva più freddo, non aveva più paura. Le mancava pochissimo per vincere la sua battaglia, per mostrare a tutti che aveva fatto la cosa migliore, che la sua vita era il futuro di Raj. Un futuro senza guerre e guerriglie, senza bambini nati per diventare giovani morti.

Percorrendo il viottolo in discesa, Nabila cominciò a cantare le stesse canzoni che cantava con suo fratello quando erano bambini. Tra due o al massimo tre giorni si sarebbero ricongiunti, sarebbero stati tutti insieme nella grande cucina dove lui lavorava, avrebbero mangiato e bevuto. Raj avrebbe giocato accanto al fuoco assieme ai cuginetti. La notte, nel tepore della stanza da letto, avrebbero continuato a parlare. Lei gli avrebbe raccontato della morte di Tiru e di tutto il viaggio, dei suoi dubbi, delle sue paure. Si sarebbe addormentata continuando a parlare.

Superando una curva del sentiero, Nabila vide all'improvviso, sotto la collina, la sagoma di tre o quattro case. In una di esse una finestra era ancora accesa.

Cercò di svegliare Raj, lo scosse forte, mise il naso contro il suo e cominciò a soffiare. Raj non aprì gli occhi, ma mosse appena un po' le labbra.

Nabila cercò di decifrare il movimento, le parve che chiedesse «Cosa dice il vento?». Gli coprì il volto di baci. «Il vento dice che siamo arrivati!»

Alle case mancava meno di un chilometro.

Dietro la collina il vento soffiava un po' meno, la neve continuava a cadere.

Scendendo pensò che, più di ogni cosa, le sarebbe piaciuto che Raj da grande facesse il dottore. Nel giro di un mese o meno avrebbe ripreso il suo lavoro di sarta, suo fratello l'avrebbe aiutata. Raj avrebbe imparato presto la nuova lingua e lei l'avrebbe fatto studiare. Avrebbe risparmiato dal primo giorno per mandarlo avanti. Ora che Tiru non c'era più, Raj era la sua vita, tutta la sua vita. Si vedeva già vecchia e bianca sul letto di morte. La morte veniva e lei non aveva paura, i demoni se ne erano andati da talmente tanti anni che non si ricordava neanche com'erano fatti. Raj le teneva la mano rinsecchita tra le sue delicate e forti. Vicino c'erano sua moglie e i suoi tre nipotini. La femmina l'avevano chiamata come lei, Nabila. C'era silenzio intorno, nessuno singhiozzava disperato. Per questo, non per altro, si viveva. Per morire vecchi nel proprio letto con i figli e i nipoti intorno...

Nabila era arrivata alla prima casa, era circondata da un muro con un'inferriata sopra. Accanto alla porta d'ingresso tra il nevischio si intravedeva una piccola bicicletta. Ci sono bambini, pensò Nabila, e subito suonò il campanello.

La prima volta posò sopra il dito piano e lo tenne poco.

Non le parve di sentire alcun suono. Nessuna finestra si illuminò.

Convinta di aver premuto poco schiacciò il pulsante un'altra volta, contò fino a dieci senza staccare il dito e non successe niente.

Suonò ancora e ancora. Ogni tanto guardava su verso le finestre. Alcuni scuri erano aperti, altri erano chiusi. A un certo punto, dietro una delle imposte, le parve di vedere una debole luce.

Allora prese a gridare. «Sono una mamma, il bambino sta male!» Sapeva che nessuno avrebbe capito le sue parole ma non le importava niente. L'importante era che qualcuno la vedesse, che vedesse che era davvero una mamma con un bambino in braccio.

Alzò di nuovo lo sguardo verso la finestra, adesso era buio.

"Forse mi sono sbagliata" pensò. "Forse in questa casa non c'è nessuno. La luce è stata solo uno scherzo dei miei occhi stanchi, della neve che continua a venirmi addosso."

Schermandosi il volto con una mano, Nabila si diresse verso l'altra casa. Non era lontana, ma per raggiungerla impiegò un tempo che le parve infinito.

La neve al suolo era dura e scivolosa. Appena toccava terra, il vento la trasformava in un'unica lastra di ghiaccio, era quasi impossibile camminare sopra scalzi e con le raffiche in faccia.

Stringendo al seno Raj, Nabila fece il percorso piegata in avanti, attenta a dove metteva i piedi.

Arrivata davanti al cancello, a un tratto si sentì vecchia. Il *saari*, bagnato dalla neve e gelato dal vento, le aderiva intorno al corpo come un'altra pelle. Non sentiva più le gambe, non sapeva dove erano. La sonnolenza che aveva provato nella grotta, stava tornando. Era già tornata più forte, prepotente, una voce dentro le diceva: "Stenditi a terra e dormi. È bello dormire. Sei stanca. È giusto che tu dorma. Dormi e sii felice...". Nabila allora sbatté più volte la mano libera contro il muro. Qualcuno le aveva tolto anche quella. Non era più sua, sbatteva e sbatteva e non sentiva niente. Era come sbattere una pietra, un pezzo di legno, qualcosa che non c'entrava niente.

Poi con grande sforzo la diresse verso il campanello e con il palmo schiacciò il pulsante.

Nel giardino risuonò forte un DRIIIIIN. Suonava e non smetteva mai perché Nabila non spostava la mano.

La casa era più grande dell'altra e aveva davanti un prato enorme. Al primo piano c'era una grande vetrata e dentro si vedeva un albero. Era un albero come quelli che c'erano fuori solo che sopra aveva tante luci, di tutti i colori. Si accendevano e si spegnevano a intervallo regolare, senza mai fermarsi.

Per un po' non successe nulla, si sentiva il suono forte nell'aria e tutte le finestre restavano buie.

Poi, a un tratto, Nabila sentì sopra di sé una specie di sibilo. Alzò lo sguardo e in quell'istante sulla sua testa si accese una luce, c'era una specie di macchina fotografica lassù. Nabila si sforzò di sorridere, da lì uscì una voce e disse qualcosa.

Nabila sollevò Raj verso la macchina. Disse: «Sono una mamma con un bambino, il bambino sta male». Prima che finisse di parlare la macchina si spense e tornò il buio intorno.

Nabila si chinò su Raj, lo baciò. Adesso andiamo in una casa, gli disse, in un posto caldo, poi impaziente si mise a fissare la porta.

La porta non si aprì subito, ma Nabila non si preoccupò. Era sicura adesso che l'avessero vista, sapevano che lì fuori c'era una mamma con un bambino. Probabilmente devono vestirsi, pensò cullando Raj o forse la casa è molto grande e ci mettono tanto per scendere le scale, per andare da una parte all'altra. Proprio mentre stava pensando così, vide la luce accendersi dietro la porta di ingresso, il rumore della chiave nella toppa giunse fino a lei e così quello della maniglia. Nabila si tirò su tutta dritta, ricacciò i capelli lontani dagli occhi. Invece di aprirsi, la porta si schiuse solo, dal pertugio uscì un grosso cane con le orecchie a punta. Abbaiando furioso si precipitò verso il cancello. Correva così veloce che quasi non toccava il suolo, con la bocca rossa e i denti bianchi continuò ad abbaiare fino a che lei, indietreggiando, non fu inghiottita nel buio.

A Nabila mancò il fiato. Per un istante sentì un nodo chiuderle la gola, la parte del suo corpo ancora viva tremava tutta. Restò qualche minuto ferma come una statua tra le case. L'ululare del cane si stava spegnendo. Una voce le diceva dentro: "Devi andare all'altra casa", un'altra la scoraggiava: "È tutto perduto. Non ce l'hai fatta, è finita per sempre".

Oltre la neve adesso, sul suo volto, c'era qualcos'altro, qualcosa di caldo. Erano lacrime, scendevano dagli occhi verso le guance, all'altezza del naso si trasformavano in gocce di ghiaccio. Non piangeva dal giorno della morte di Tiru. Pensò: le lacrime possono essere diverse come la notte e il giorno, poi piegò le ginocchia, si sedette sui talloni, con la bocca chiusa cominciò a modulare una nenia.

L'aveva cantata tante volte a Raj quand'era più piccolo e metteva i denti, solo quella canzone riusciva a calmargli il dolore. Alle prime note smetteva di piangere, si addormentava tra le sue braccia con il sorriso sulle labbra.

Anche adesso Raj dormiva. Accovacciandosi, Nabila aveva avuto l'impressione che lui l'avesse chiamata. Aveva detto piano «mamma» e poi si era addormentato. Nel sonno il suo volto aveva cambiato aspetto, non era più triste ma sereno. Stava china su di lui, Nabila, osservava il suo sorriso, quando accanto a sé percepì una presenza.

Alla sua destra c'era qualcosa di grosso, peloso e caldo. Per un istante immaginò stancamente che si trattasse di un demone. Voltò lo sguardo verso di lui, non aveva più voglia di combattere. I suoi occhi incontrarono gli occhi neri e tondi di un grande cane. Aveva il pelo lungo e arruffato, il dorso e la testa erano bianchi di neve.

«Cosa vuoi?» gli domandò Nabila. Gli occhi del cane si fecero più scintillanti, dalla sua gola uscì un mugolio. In quel verso non c'era rabbia, né fame. Sembrava piuttosto volesse dire qualcosa.

Dopo un breve silenzio, Nabila domandò piano: «Chi sei?».

Il cane, in risposta, posò il muso sotto la testa di Raj e, facendo leva sull'incavo del braccio, la sollevò due o tre volte dolcemente.

"Alzati", sembrava voler dire. "Non arrenderti."

Aggrappandosi alla schiena forte del cane, Nabila si sollevò di nuovo in piedi. L'ultima casa era di fronte a lei, mancavano venti o trenta metri per raggiungerla. Camminò lenta con il cane accanto. Camminando pensò, forse il cane è della casa, il suo padrone me l'ha mandato incontro. Lui è rimasto dentro, sta preparando qualcosa di caldo, oppure è al telefono e sta cercando un medico, un'ambulanza, qualcuno in grado di aiutarci.

Una finestra, infatti, era tutta illuminata. Si vedeva anche qualcuno che si muoveva dietro, aveva un vestito azzurro, i capelli sembravano bianchi.

Meno male, un vecchio, pensò Nabila. Era già davanti al portone, con la mano aperta schiacciò il campanello. Suonava e vedeva l'uomo andare avanti e indietro per la stanza. Va avanti e indietro perché non trova le chiavi, si disse.

Guardò in basso e vide che il cane non c'era più. Se ne era andato in silenzio, così come era venuto. L'uomo non scendeva ancora.

Allora Nabila cominciò a urlare, si meravigliò della sua voce, era così forte che le faceva paura. Suonava il campanello e urlava. Urlava e suonava il campanello. Dopo dieci minuti, l'uomo spalancò la finestra accesa.

Aveva i capelli quasi bianchi, si sporse con metà del corpo e agitando un braccio in aria cominciò a gridare anche lui: «Andate in malora! Neanche di notte ci lasciate in pace! Andate in malora! Via o chiamo la polizia!».

Addì, 22 dicembre 1992. In seguito a una segnalazione anonima è stata rinvenuta priva di sensi nei pressi di... a 500 metri dal confine con la Slovenia, una donna di incerta nazionalità, pelle scura, tratti orientali, capelli neri. Priva di denaro e documenti. Età apparente anni 25. Stava tentando con mezzi illegali di introdursi nel nostro paese. Con sé aveva un minore di sesso maschile. Età apparente: anni quattro. Deceduto.

Salvacion

La prima cosa di cui Salvacion si era accorta era stata la distanza. Viveva ormai da un mese in quella casa e cominciava a capire come si comportavano i suoi padroni.

La signora le era stata spesso accanto nelle prime settimane. Doveva spiegarle come funzionava la casa, dov'erano le pentole e dov'erano gli strofinacci, come si usava l'aspirapolvere e la lucidatrice, tutti i modi in cui si doveva caricare la lavatrice: le cose scure con le scure, le chiare con le chiare. Le aveva insegnato a distinguere la seta dagli altri tessuti perché la seta sola andava lavata a mano.

Poi c'erano state le lezioni di cucina: i pomodori al riso, lo spezzatino, le melanzane stufate, la carbonara. In quel periodo la signora era stata la sua ombra, appena lei si trovava in difficoltà con qualcosa l'aveva soccorsa, spiegandole tutto un'altra volta.

C'erano state talmente tante cose da imparare che quel mese per Salvacion era volato. Adesso era la sua prima domenica libera, la signora era partita già da due giorni per la campagna mentre il marito, il dottore, l'aveva raggiunta la sera prima.

Salvacion era sola nella grande casa luminosa. Aveva appena aperto gli occhi che subito le era venuta in mente la questione della distanza. La signora non le era mai stata così vicina come lo era stato la sera prima il dottore. Di solito, se lui le parlava, lo faceva da così lontano che neppure stendendo un braccio sarebbe riuscita a toccarlo.

La sera prima invece, quando lo aveva accompagnato alla porta con la valigia in mano, lui si era girato di scatto e solo per una frazione di secondo non si erano scontrati, faccia contro faccia.

Lei aveva fatto subito un passo indietro, le sembrava priva di rispetto quella distanza minima. Lui, invece, aveva fatto un passo in avanti.

Per un attimo erano stati così vicini che Salvacion aveva sentito il respiro del dottore sulla sua fronte. Sulla schiena le si era formato uno strato leggero di sudore. Più stavano fermi in quella posizione più il sudore aumentava.

Poi, a un tratto, lui le aveva dato un buffetto sulla guancia. «Quanti anni hai?» le aveva chiesto.

«Diciannove, signore.»

Il dottore aveva sorriso, aprendo la porta... «Pensa a divertirti. Noi saremo di ritorno lunedì mattina.»

Quella domenica Salvacion si era svegliata presto, com'era sua abitudine e, com'era sua abitudine, aveva trascorso la prima mezz'ora della giornata raccolta in preghiera. Poi si era fatta la doccia ma anche sotto l'acqua il senso di disagio non era scomparso. Sentiva ancora sulla fronte l'alito del dottore.

Quel pensiero stava dentro di lei come un diavoletto cattivo. Alle dieci sarebbe passata a prenderla la cugina per trascorrere insieme la giornata. Siccome mancavano due ore, senza mettersi le scarpe, andò in terrazza e innaffiò le piante.

Parzialmente celato da un velo biancastro d'umidità, il sole stava cominciando a scaldare l'aria. Dalla corolla di un fiore spuntavano le zampe posteriori di un maggiolino.

Quando il campanello suonò Salvacion gridò: «Vengo!» come se qualcuno potesse sentirla, poi inserì l'allarme e scese le scale con una borsetta bianca in mano.

Erano in tanti e per il pranzo raggiunsero un laghetto artificiale in mezzo a grandi palazzi chiari.

Avevano preparato un pic nic e mangiarono tutti insieme ascoltando la musica del loro paese.

«Da dove vieni?» le chiese un ragazzo.

«Da Jordan Ilo Ilo, come lei» rispose Salvacion indicando la cugina.

«Vuoi giocare con le racchette?»

Salvacion sorrise. «No, adesso no. Magari un'altra volta.»

Il ragazzo sorrise e andò a giocare.

Il sole adesso era caldo. Salvacion aprì la borsetta e tirò fuori la carta da lettera. Da quando era partita non aveva ancora dato sue notizie a casa.

Cara mamma, care sorelle, scrisse sul primo foglio, *è domenica e mi trovo con degli amici su un prato in mezzo alla città. Da quando sono arrivata non ho avuto un momento libero per scrivervi. Ho dovuto imparare tante cose, la signora è molto gentile e ha molta pazienza con me.*

Vi penso spesso e quando vado a dormire e intorno non sento i rumori di casa sono molto triste.

La settimana prossima vi manderò il mio primo stipendio. Io qui sto bene e non mi manca niente.

Un abbraccio forte. Salvacion.

La seconda lettera la scrisse alla madre superiora del collegio dove aveva studiato. Era stata lei a consigliarle di andare a lavorare in Europa per qualche anno.

A sedici anni Salvacion avrebbe voluto farsi suora. Sentiva già allora che quella era la sua vita. Ne avevano parlato a lungo. La superiora non dubitava della sua vocazione, ma era contraria a una scelta così precoce.

Quando, due anni prima, le era morto improvvisamente il padre, la situazione si era fatta dolorosamente chiara. «Sei la più grande», le aveva detto la madre superiora, «e prima di ogni altra cosa devi pensare alla tua famiglia, ai tuoi fratelli ancora piccoli. Il convento sta qua, ti aspetta. Intanto va' nel mondo, Gesù ti segue ovunque anche senza l'abito da suora.»

Nella lettera Salvacion le scrisse di essere contenta di trovarsi lì. Essere utile alla sua famiglia la faceva sentire meno triste e meno sola. Nei momenti liberi però pensava sempre al convento. Il giorno in cui avrebbe preso i voti sarebbe stato il più bello della sua vita.

La sera, dopo che la cugina l'ebbe riaccompagnata a casa, successe un fatto increscioso. Appena aprì la porta con le sue chiavi, l'allarme cominciò a suonare. Suonava fortissimo per le scale e i ballatoi del palazzo vuoto.

Doveva aver commesso uno sbaglio nel disinnescarlo: con le mani sulle orecchie si guardò intorno senza sapere cosa fare.

Mentre stava così arrivò l'ascensore e ne uscì la vecchia portinaia.

«Cosa succede qui!?» gridò andando verso Salvacion.

Le afferrò un polso, la strattonò in malo modo.

«Ladra!» gridava, «ladra! Adesso chiamo la polizia.»

Salvacion scoppiò a piangere. Tendendo le

chiavi verso la portinaia ripeteva: «Lavorare Attanasio…».

La portinaia osservò l'etichetta sul mazzo, le mollò il polso.

«In questo palazzo non si capisce più niente» gridò. «Un giorno facce da scimmia, un giorno musi gialli. È la torre di Babele qua, mica un condominio. Come faccio a capirci qualcosa e poi» aggiunse, andando verso l'appartamento, «chi vi distingue è bravo, siete tutti uguali.»

L'allarme continuava a suonare fortissimo.

Strappandole le chiavi dalle mani, la portinaia andò verso la centralina dell'allarme.

La sirena si spense di colpo.

Adesso parlava troppo forte. In bocca aveva solo tre denti.

«Di' un po'», disse strizzando un occhio, «non è che qua dentro ci hai un amichetto, eh?»

Salvacion non capì, sorrise e la ringraziò.

«Cavoli tuoi», mormorò passandole davanti, «tutte zozzone 'ste straniere.»

Rimasta sola, Salvacion si lasciò cadere sul divano del salotto. Voleva piangere ma non le venivano le lacrime. L'allarme rimbombava nella sua testa.

Sopra il divano era appeso un grande quadro. Era piuttosto scuro, raffigurava dei signori vestiti in modo antico intorno a una tavola. La tavola era imbandita e sotto c'era un cane. Era molto magro, stava in terra e guardava verso l'alto con sguardo supplice.

Poco dopo, a letto, con già la luce spenta e le

coperte tirate sul volto, quel cane per un istante comparve dietro le sue palpebre. Sembrava ancora più vivo che nel quadro, la guardava con i suoi occhi umili come se volesse parlarle.

Senza sapere perché, Salvacion cominciò a piangere. Dal pianto passò al sonno senza accorgersene.

La mattina dopo tornarono i signori, abbronzati e allegri. Salvacion disfò le valigie e infilò in lavatrice le cose sporche. Poi, assieme alla signora, fece la lista della spesa e dopo aver messo nel borsellino i soldi che le aveva dato, uscì.

Al mercato c'era tanta gente e tutti le passavano davanti nella fila. Quando tornò a casa la signora la sgridò.

«Possibile che per comprare due cose ci metti tanto?»

Salvacion abbassò gli occhi, si infilò il grembiule per preparare il pranzo.

«Questa sera», disse la signora, «avremo degli ospiti a cena.»

Il dottore e sua moglie erano professori di università, spesso la sera ricevevano degli amici.

Nel pomeriggio la istruì su come dovesse comportarsi. La volta precedente, infatti, Salvacion aveva commesso parecchi errori.

«Devi porgere il piatto a sinistra», le disse, «e attendere che l'ospite si sia servito. Quando tutti hanno il piatto vuoto devi fare il giro un'altra volta. Se il vino o l'acqua finiscono, devi portare un'altra bottiglia senza che io gridi fino in cucina. Hai capito?»

Salvacion annuì. La signora mormorò «Speriamo bene» e la lasciò sola in cucina.

Quel pomeriggio Salvacion non riuscì a riposarsi neanche un minuto.

La sera, quando arrivarono gli ospiti era stanca e nervosa. Ogni volta che suonavano, andava ad aprire la porta. Di ognuno prese la giacca e il soprabito e li portò nel guardaroba.

All'inizio gli ospiti parlavano poco ma poi, con l'arrivo del vino e del cibo, cominciarono a scaldarsi. In breve nella stanza da pranzo ci fu una grande confusione. Tutti urlavano come se qualcuno fosse in pericolo.

Salvacion girava intorno al tavolo reggendo i piatti di portata. Non guardava nessuno negli occhi ma le parole giungevano lo stesso alle sue orecchie.

«Non so dove finiremo di questo passo» disse uno.

«È spaventoso questo ritorno dell'intolleranza» strillò una voce femminile.

«La colpa è della politica del governo.»

«No, è dell'ignoranza, i giovani non hanno più coscienza storica.»

«E l'ignoranza», strillò il dottore, «cos'è se non il frutto della politica del governo?»

Salvacion guardò il suo orologio a cristalli liquidi trovato nel detersivo. Erano le nove e mezzo. Che ora sarebbe stata adesso a Jordan Ilo Ilo? Provò a immaginare cosa avrebbe fatto in quell'istante se fosse stata nel convento. Si immaginò nella cappella a cantare le laudi, oppure nelle cucine intenta a lavare i pavimenti con uno spazzolone.

Senza accorgersi, Salvacion fletté il polso e una scaloppina planò sulle gambe di un ospite.

«Salvacion!» gridò la signora.

L'ospite si alzò di scatto in piedi: «Maledizione!» esclamò,«li avevo appena ritirati dalla tintoria».

Salvacion stava immobile, ripeteva piano: «Scusa... scusa...».

«Non fare il palo!» strillò a quel punto la signora. «Vai a prendere il borotalco.»

Salvacion obbedì.

Tornata in sala con il borotalco e uno straccio inumidito si inginocchiò ai piedi dell'ospite e cominciò a pulire la macchia.

I commensali se ne andarono quasi alle due. A ognuno, Salvacion porse le giacche. Le presero senza guardarla mentre salutavano i padroni di casa.

«È stata una serata bellissima» disse una signora mentre il marito la aiutava a infilarsi il soprabito.

«Si preparano tempi bui per noi» profetizzò un altro già sulla porta.

La signora lo baciò, dicendo con voce morbida: «Per questo dobbiamo stare fra noi, fare la resistenza umana».

Quella definizione piacque anche agli altri. «Sì, la resistenza umana» ripeterono divertiti quasi in coro e si incamminarono verso le scale.

Quando Salvacion finì di rigovernare la cucina le tre erano passate da un pezzo.

Andò in camera sua. Si sentiva a un tempo molto stanca e molto sveglia. Le succedeva sempre così quando era agitata. Si girò parecchie volte nel letto prima di riuscire a prendere sonno.

Quando, alle sei e mezzo, la sveglia suonò, la spense e si girò dall'altra parte. Aprì gli occhi mezz'ora dopo.

Era troppo tardi per dire le preghiere.

Si vestì senza lavarsi e corse in cucina.

Quel giorno il dottore e la moglie restarono all'università tutto il giorno. Salvacion ne approfittò per fare le pulizie a fondo.

Il giovedì seguente arrivò in un baleno. Il pomeriggio era libera, non vedeva l'ora di uscire, restare sola con i suoi pensieri.

«Stai attenta», le disse la signora quando era già sulla porta, «Roma è una città grande, piena di pericoli.»

Salvacion annuì. «Alle sei torno a casa.»

Fuori c'era un bel sole primaverile, nell'aria volavano i semi dei platani. Ogni tanto uno finiva nell'occhio e lo faceva lacrimare.

Con passo sicuro Salvacion si avviò verso la chiesa che aveva visto tante volte andando al mercato. Era una chiesa moderna e imponente.

Quando salì le scale si sentì felice come se stesse andando a trovare un amico. Spinse il grande portone di bronzo ma il portone non si aprì. Una chiesa non può essere chiusa, pensò, e fece il giro per trovare un ingresso laterale. Non lo trovò.

Salvacion andò allora ad aspettare l'autobus a una vicina fermata.

Scese nel centro della città, davanti una piccola chiesa schiacciata tra due case. Dentro c'era odore di umido, l'odore di una cantina. Nelle prime file due donne anziane sgranavano un rosario. Dietro a loro, un po' in disparte, c'era un uomo grosso. Teneva la testa piegata e con il pugno forte ogni tanto si batteva la fronte.

Salvacion si inginocchiò in fondo. Il sole, passando attraverso una finestrella, illuminava uno spicchio di affresco alle spalle dell'altare. In quel punto c'era il piede di Gesù e gli zoccoli anteriori di un agnello.

Salvacion chiese perdono a Dio perché in quei giorni era stata infelice del suo destino.

Quando la luce scomparve da dietro l'altare, mormorò «Sia fatta la Tua volontà» e si alzò.

Era tardi.

Uscendo incontrò un giovane cappuccino. La salutò e lei rispose al suo saluto. Era stato qualche anno in missione nelle Filippine così parlarono nella lingua di Salvacion. Al momento di congedarsi lui le disse di chiamarsi Andrea. Qualsiasi cosa avesse bisogno, l'avrebbe sempre trovato lì, in quella chiesa.

L'autobus arrivò dopo quasi mezz'ora, quando Salvacion aprì la porta di casa mancavano dieci minuti alle otto.

«Divertita?» domandò la signora appena la vide.

«Sì grazie» rispose Salvacion.

Era felice di avere incontrato quel frate e aveva voglia di cantare. Modulò le prime note aprendo il frigo.

Mentre stava lì davanti allo sportello spalancato alle sue spalle arrivò il dottore. Lei stava accoccolata vicino alla verdura, lui mise avanti le braccia, si appoggiò ai bordi e «Divertita eh?» le disse, guardandola dall'alto in basso.

Salvacion sentì per un istante la gamba del dottore contro la sua schiena.

Smise di cantare.

Dal salotto giunse la voce della moglie: «Il ketchup non sta in frigo, è sul ripiano della lavastoviglie».

Quella sera Salvacion pregò più a lungo del solito. Si appellò al suo angelo custode. Quando aprì il cassetto del tavolino per mettere via le sue immagini sacre, restò paralizzata come un topo davanti ad un serpente.

Lì dentro c'era la pagina colorata di una rivista. Sulla pagina, in quattro foto diverse, c'era una donna nuda con due uomini, nudi anche loro, uno nero e uno no. Gli uomini sembravano cavalli. Prima di chiudere il cassetto notò che uno dei due aveva ai piedi i calzini.

Si alzò, andò alla finestra e la aprì. Dall'appartamento della portinaia, in fondo al cortile, giungeva forte il suono del televisore.

Non poteva dormire con quel foglio nella stanza.

Senza guardare aprì di nuovo il cassetto, prese il foglio, lo fece a pezzi, mise i pezzi in una busta e la lanciò fuori, nel buio nero tra i palazzi.

Quella notte il tempo cambiò, la primavera andò via e tornò l'inverno.

Fu proprio a causa di quel brusco abbassamento della temperatura che il giorno dopo il dottore si ammalò.

Rientrò a casa dall'università prima di pranzo e si mise a letto con la febbre alta. Il pomeriggio venne un loro amico a visitarlo, gli diede delle medicine e gli consigliò di stare a letto almeno una settimana.

Il lunedì seguente, quando la moglie partì per un convegno, era quasi sfebbrato.

Sulla porta di casa, con le valigie in mano, diede le ultime istruzioni a Salvacion. «Abbi pazienza», le disse, «quando è ammalato diventa capriccioso come un bambino.»

Fuori faceva ancora freddo e per scaldare casa, visto che i termosifoni erano spenti, usavano delle stufette elettriche.

La sera Salvacion servì al dottore un brodo caldo nella sua stanza. Prima di uscire domandò se doveva spegnere la stufa, lui disse di no, che la febbre era risalita e aveva ancora freddo.

Ritiratasi in camera, Salvacion accese la televisione. C'era una telenovela, capiva poco le parole ma la guardò lo stesso.

Il mattino dopo, al risveglio si accorse di avere la nuca rigida. Devo aver dormito storta, pensò, oppure senza saperlo sono nervosa.

Appena sentì il campanello nella stanza del dottore corse da lui, spalancò le finestre e gli domandò cosa volesse mangiare.

«Mi sento meglio oggi», ripose lui stiracchiandosi, e le ordinò un caffè e uno yogurt più un succo d'arancia.

Salvacion tornò dopo poco con il vassoio, lo depose sul comodino.

Mentre stava per andarsene, il dottore le afferrò un polso.

«Siediti», disse, «vai sempre di corsa.»

Salvacion restò in piedi, fece resistenza debolmente con il braccio.

«Siediti» ripeté il dottore più piano e dicendolo tirò Salvacion verso la sponda del letto.

Restarono in silenzio.

Dalla strada giungeva il rumore di un altoparlante. Era la macchina di un circo e annunciava lo spettacolo della sera.

Il dottore si mise seduto alle spalle di Salvacion, le circondò il collo con un braccio e, tirandola a sé, le disse piano nell'orecchio: «Come fanno l'amore dalle parti vostre?».

Quel lunedì Salvacion si lavò sei volte.

Nel pomeriggio il dottore, preoccupato dal non vederla uscire, bussò alla sua stanza.

Salvacion non rispose.

Sentendo il rumore dell'acqua il dottore pensò "sta facendo la doccia" e si tranquillizzò.

Salvacion si strofinava il corpo con furore, avrebbe voluto che l'acqua anziché fuori la lavasse dentro. Aprì la bocca e ingoiò il getto nella speranza che facesse effetto.

Non servì a niente, continuava a sentirsi sporca.

Una volta la madre superiora le aveva raccontato di avere assistito alla liberazione di un indemoniato. L'uomo, urlando, si dimenava e sbatteva da tutte le parti. Salvacion avrebbe voluto fare come lui, voleva gridare, buttarsi per terra, sbattere la testa al suolo fino a perdere coscienza. Invece, uscita dalla doccia, si inginocchiò vicino al letto e appoggiò la fronte sul materasso. Non pianse ma dal suo stomaco uscì un singhiozzo. Veniva da un punto così profondo che le fece paura.

Forse davvero il demonio era sceso dentro di lei. Che ne sarebbe stato di lei adesso? Come avrebbe potuto vivere con quel segreto? Si sentiva sporca, quella sporcizia l'avrebbero vista tutti attraverso gli occhi. Non avrebbe potuto più guardare la superiora, non avrebbe più potuto guardare nessuno.

Quando il buio avvolse la stanza accese la luce del comodino e dal cassetto estrasse il Vangelo. Lesse più volte: *Perdonali perché non sanno quello che fanno*. Quelle parole risuonavano dentro di lei come in una stanza vuota. Non c'era nessuno là che potesse ascoltarle, nessuno che potesse comprenderle.

A un certo punto i rumori delle case intorno

si acquietarono. La sveglia segnava le due. Salvacion si infilò sotto le coperte. Aveva freddo, si raggomitolò su se stessa, si abbracciò con le sue stesse braccia. Una guancia le bruciava ancora. In quel punto il dottore mugolando aveva sfregato la sua barba lunga.

Il mattino dopo tornò la signora.

Appena la vide disse: «Che brutta cera! Non è che adesso ti sei presa l'influenza?».

Salvacion scosse la testa. Alle dieci il dottore uscì e la signora si ritirò nel suo studio a correggere dei compiti.

Salvacion aveva deciso che glielo avrebbe detto alle dieci e mezzo. Doveva assolutamente farlo.

Alle dieci e ventinove bussò alla porta, alla mezza era davanti alla signora.

«Cosa c'è, Salvacion?» domandò lei senza alzare lo sguardo da un foglio.

Salvacion restò in silenzio, dietro la schiena si stava conficcando le unghie di una mano nel palmo dell'altra.

«Allora?» ripeté la signora. «Cosa c'è?»

Salvacion prese un respiro e disse: «È finito il detersivo per la lavastoviglie».

Nei giorni seguenti tutto andò avanti come sempre. Il dottore, quando erano soli in una stanza, le stava vicino più di prima.

Mercoledì sera, mentre preparava la cena, le era andato alle spalle e con l'inguine l'aveva spinta verso i fornelli.

Con la moglie era sempre gentile, la baciava quando tornava a casa, le passava un braccio intorno al collo quando stavano sul divano.

Per questo Salvacion non aveva detto niente, non voleva dare un dolore alla signora.

Giovedì mattina si svegliò un po' più leggera. Alle tre era già sulla porta di casa.

«Buon divertimento!» le disse la signora mentre stava uscendo.

Salvacion andò subito a prendere l'autobus che portava in centro.

La porta della piccola chiesa era ancora chiusa. Attese in disparte tenendo la borsetta con entrambe le mani. Era più sollevata. Tra un po' avrebbe potuto parlare, avrebbe preso il sacramento della confessione.

Quando il sacrestano aprì la porta entrò con discrezione, era l'unica persona all'interno della chiesa. Si sedette e rimase qualche istante in raccoglimento. Ogni tanto alzava lo sguardo per vedere se fosse arrivato padre Andrea.

Verso le cinque entrarono tre o quattro vecchiette per il rosario. Salvacion si fece coraggio, si alzò e andò verso la sacrestia. Un prete si stava infilando i paramenti.

«Scusa», domandò, «non c'è padre Andrea?»

«Padre Andrea è andato a un ritiro», rispose il religioso, «sarà di ritorno tra una settimana.»

Salvacion rimase immobile.

«Vuoi lasciar detto qualcosa?» le domandò il prete avviandosi verso l'altare.

«No», disse Salvacion, «non importa, passerò un'altra volta.»

La sera la signora disse a Salvacion: «Ti devo parlare».

Andarono in stanza da letto.

«Salvacion, sono preoccupata per te, hai una faccia che non mi piace per niente. Sei sicura di sentirti bene? Capisci, sei qua senza permesso, se ti succedesse qualcosa per noi ci sarebbero un mucchio di rogne.»

«Io bene signora», rispose Salvacion, «non si preoccupa.»

«In fondo», proseguì la signora, «sei così giovane che potresti essere mia figlia; è come una madre che ti parlo.»

La signora fece una pausa. «Lo sai, ci sono molti modi per non avere bambini. Se vuoi, se non li conosci, ti porto io da un dottore, lui ti spiegherà tutto così stiamo più tranquilli.»

«Grazie, signora», rispose Salvacion. Poi, con un coraggio che non credeva di avere le domandò il suo primo stipendio.

Quella sera i signori erano fuori così Salvacion rimase in camera sua a guardare la televisione. Davano un documentario sulla barriera corallina, i colori del mare e delle isole erano simili a quelli di casa sua.

«Alcuni pesci», diceva lo speaker, «pur essendo piccoli non vengono divorati da quelli grandi. Il pesce pagliaccio, ad esempio, vive protetto dai tentacoli urticanti dell'anemone.

La selezione evolutiva l'ha spinto a adottare questo comportamento che si è rivelato vincente. In due è più facile sopravvivere nel mondo movimentato e crudele dell'Oceano.»

In due è più facile sopravvivere, si ripeté Salvacion indossando la camicia da notte. Sotto le coperte le tornò in mente la sua compagna di banco dei tempi del collegio. Per tutta la durata della scuola era stata la sua migliore amica. Di carattere erano molto diverse perché la sua amica era sempre triste. Per quanto lei cercasse di farle vedere il lato bello della vita, durante l'adolescenza parlava spesso di uccidersi.

«C'è un solo modo in cui lo potrei fare» le aveva detto una domenica mattina passeggiando sulla spiaggia. «Entrerei nel mare e camminerei verso l'orizzonte fino a sparire coperta dalle onde. Sarebbe dolce, no?»

Quella volta Salvacion non le aveva risposto, non riusciva a comprendere come fosse possibile desiderare la morte.

Sabato mattina si svegliò con un fastidio all'orecchio. La sera prima doveva esserle entrata dell'acqua mentre faceva la doccia. Appena muoveva la testa sentiva il rumore del mare così come lo si sente quando si ascolta una conchiglia.

Prima di uscire per andare a fare la spesa, si recò dalla signora e le chiese i suoi soldi.

«Te ne do la metà», disse lei aprendo il borsellino, «perché per i primi tre mesi sei sempre in prova.»

Nella piazza del mercato c'era la posta.

Da lì Salvacion spedì i soldi alla sua famiglia, mandò anche una cartolina dicendo che li pensava sempre e voleva loro bene.

All'ora di pranzo i signori partirono per la campagna. Li salutò e ascoltò le loro raccomandazioni.

Quando telefonò la cugina per chiederle di passare la domenica insieme, le disse che si sentiva un po' di febbre.

Alle sei andò a messa nella grande chiesa moderna.

Il tempo era bello e c'erano poche persone. Le parole del prete risuonavano come in un capannone.

Al termine della messa, prima di uscire, Salvacion mormorò: «Signore, perdonami, non sono più degna del tuo amore. Se una volta sapevo i tuoi piani per me ora non li so più o non riesco a capirli».

Quando si segnò con l'acqua benedetta sentì una lacrima sfuggire svelta sulla guancia destra.

Quella notte non riuscì a dormire. Faceva caldo e stette a lungo in terrazza a guardare le stelle.

Si vestì poco prima che il sole sorgesse all'orizzonte. Era già in strada quando cominciò l'alba.

Aveva bisogno di distendersi, di respirare.

Aspettò a lungo l'autobus, dopo quello ne prese un altro e poi ancora la metropolitana.

Arrivò alla spiaggia che erano già passate le

sette. La sabbia era sporca, piena di sacchetti, di bottiglie di plastica. Il rumore del mare era lo stesso ovunque. Chiudendo gli occhi per un istante poteva avere l'impressione di essere a casa sua.

Salvacion si tolse i sandali. Più in là c'era un vecchio, era imponente e stava seduto su un seggiolino minuscolo. In mano aveva una canna da pesca.

Quando Salvacion gli passò accanto, la seguì con lo sguardo.

Quattro o cinque gabbiani sorvolarono la battigia in silenzio. Salvacion pensò che sarebbe stato bello essere come loro, vedere tutte le cose dall'alto, senza starci dentro.

A un certo punto si girò, vide che l'uomo era abbastanza lontano. Con un piede urtò qualcosa, si chinò, tolse la sabbia. Era una bambola. Qualcuno – o il mare – le aveva strappato una gamba, al suo posto c'era un buco nero che andava fino al mento. Le pulì gli occhi, la inclinò, gli occhi si aprirono. Erano occhi di vetro, celesti. Sollevò il braccio per lanciarla in acqua poi ci ripensò e la mise seduta davanti al mare.

Anche lei si voltò verso il mare, immerse un piede, poi l'altro e cominciò ad andare avanti. Le onde erano forti e fredde, più che dolci carezze erano schiaffi.

Chissà se anche qui ci sono i pesci pagliaccio? si domandò. Si sentiva strana. Era lei, Salvacion, a camminare nell'acqua e si vedeva camminare nell'acqua? Non le era mai successo. Chi era la vera Salvacion? Quella che camminava o quella che si vedeva camminare?

Appena l'acqua le arrivò al mento ebbe un brivido di freddo e si fermò un istante. I pesci pagliaccio hanno l'anemone, pensò, come gli uomini hanno l'angelo custode.

Una nuvola piccola e tonda aveva coperto il sole.

L'acqua, prima azzurra, diventò color acciaio. Quanto si era allontanata dalla costa?

Salvacion girò il capo verso la riva. Vederlo e sentirlo fu tutt'uno: sbucato dal nulla sul bagnasciuga c'era un cane. Era piuttosto alto ma magro, aveva il pelo, chiaro in più punti, sporco di catrame. Teneva le due zampe anteriori in acqua e abbaiava verso di lei come se volesse giocare. I suoi occhi erano malinconici e spavaldi.

Salvacion tornò a guardare il mare aperto. Lontano passava una petroliera. Più vicino si sentiva un motore. Non era il rumore di una barca grande, sembrava il ronzio di una grande zanzara.

Il cane abbaiò di nuovo e più forte.

Salvacion si voltò ancora verso di lui. Qualcuno le aveva detto che gli animali non tollerano lo sguardo dell'uomo. Adesso sapeva che non era vero.

Con la bocca semichiusa e le orecchie dritte il cane la fissava aspettando una risposta. Vieni o non vieni? Fino a quel momento non aveva mai visto un cane sorridere. Allora sorrise anche lei: «Arrivo!» disse al cane e alzò la mano per salutarlo.

Il cane cominciò a scodinzolare, per andarle incontro avanzò nell'acqua. Sventolando il braccio in alto Salvacion fece cinque o sei passi verso di lui.

Il ronzio del motore adesso era molto vicino. Non sembrava più una zanzara adesso, ma una mosca, un moscone che volava veloce.

Da dove veniva? si domandò.

Vide la testa del cane sbucare dall'acqua, stava nuotando nella sua direzione; i suoi occhi erano cambiati, sembrava che volesse dirle qualcosa.

Cosa mi vorrà dire? pensò Salvacion.

Il rombo adesso era più forte. Salvacion si voltò indietro, una specie di moto correva nella sua direzione, aveva due pattini e quasi non toccava l'acqua, sopra c'era un ragazzo a torso nudo tutto curvo sul manubrio.

Salvacion alzò le braccia e aprì la bocca per gridare «No!».

La bocca si riempì d'acqua, sopra di sé vide allargarsi una macchia rossa. Adesso c'era il sole, batteva sulla superficie del mare facendola brillare.

Prima che tutto fosse buio si domandò, dove sono i pesci pagliaccio?

Dal cielo

Da dove sarebbero venuti? Dal cielo. E per quale ragione? Per prenderlo, portarlo via con loro. L'avrebbero portato lassù, nel paese da dov'erano venuti, un posto così bello che neppure con tutta la fantasia avrebbe potuto immaginarlo. In quel paese stava la felicità, la felicità dei bambini, naturalmente. Ma no, la felicità non era una pianta, neanche un albero. Un animale? Per carità! La felicità era qualcosa che non si poteva dire, un po' come quando si mangia e il cibo arriva nella pancia. Teporino, ecco. Qualcosa di simile ma di più. Del resto, era inutile dirlo: presto l'avrebbe saputo lui stesso, l'avrebbe visto con i suoi occhi, sentito con il suo cuore. Presto quando? Fra tre giorni. Tre volte andrai a dormire, tre volte ti sveglierai e loro saranno qua. Li conosci già, certo, guarda le foto: ti ricordi i nomi? Questa, la signora, è Carla e quello con la barba, l'uomo, è

Antonio. Per te, però, hanno anche un altro nome: mamma e papà. Ripeti, ma-ma, pa-pà.

Tutti i giorni, da quattro settimane, Filome-
na, detta Filò, una giovane assistente sociale del
servizio adozioni, si recava alla missione a parlare con Arik. Di ogni colloquio registrava con
diligenza i passi salienti sulla scheda personale
del bambino.

Nei primi incontri, a dire il vero, non aveva
avuto molto da trascrivere poiché, alla sua sola
vista, il piccolo si arrotolava su se stesso e re-
stava in quella posizione, senza dar segni di vita, per l'intero pomeriggio. Poi, piano piano, il
suo comportamento aveva iniziato a modificar-
si. Arik aveva aperto gli occhi, sollevato il capo.
L'aveva guardata senza digrignare i denti, con
gli occhi dritti negli occhi. Si era fatto sfiorare.
Finalmente un sorriso. Il primo sorriso di Arik.

Arik aveva nove anni e da quando ne aveva
cinque viveva alla missione. Non si sapeva da
chi fosse nato e dove. Dopo il suo arrivo per
qualche tempo era stata vista aggirarsi una leonessa.

Fu padre Johannes a occuparsi della sua
educazione. Nei primi mesi era stato un lavoro
duro, quasi impossibile. Ai suoi ordini e alle sue
spiegazioni il bambino rispondeva con lo sguardo timoroso e ostile della bestia selvatica. Tutto
ciò che un giorno gli insegnava, il giorno dopo
l'aveva già dimenticato.

Poi, un mattino, mentre era intento a rivedere la contabilità della missione, Arik era entrato di corsa nella sua stanza, con grida insistenti l'aveva convinto a seguirlo nella corte. Lì, al riparo da un muretto, una cagna aveva partorito i suoi cuccioli. Ancora umidi e caldi, le zampe molli, cercavano il latte materno. Arik aveva sfiorato la mano di padre Johannes con la sua, l'aveva lasciata lì sospesa, quasi senza contatto, poi, quando un cucciolo arrampicandosi sugli altri corpi era finito a zampe all'aria, gliel'aveva stretta forte, sprofondando la sua faccia nella gamba di padre Johannes. Invece di ringhiare aveva riso.

Da quel momento non l'aveva più lasciato. Voleva stargli vicino, toccarlo.

Alcuni mesi dopo, quando le grosse gocce della stagione delle piogge avevano iniziato ad abbattersi sul tetto di lamiera, aveva finalmente parlato. «Piove!» La sua voce era rauca, priva di modulazione. Con il tempo e l'esercizio s'era affinata, era divenuta la voce argentina di un bambino.

L'anno seguente aveva imparato a leggere. Leggeva per ore seduto nella corte con i cani intorno. I cuccioli erano ormai diventati grandi e, tra tutti, Arik s'era affezionato a uno. Era un cagnetto color miele dallo sguardo curioso e dolce. Lo aveva chiamato Umbù. Il tempo che non passava a fianco di padre Johannes, Arik lo trascorreva con lui: saltavano, correvano, cadevano al suolo, esausti e felici uno accanto all'altro.

Da quando era giunta quella richiesta di adozione, spesso padre Johannes si era sorpreso a desiderare una sfera di cristallo. Lì dentro, nelle fiabe, i maghi interrogavano il futuro. Anche lui, peccando di superbia, avrebbe desiderato interrogarlo.

Quale sarebbe stato il futuro di Arik?

Antonio aveva un posto di conducente alle ferrovie e Carla era insegnante elementare. Dopo le nozze si erano stabiliti in un paese nei pressi di Milano. Provenivano entrambi da famiglie religiose e, per quasi dieci anni, avevano atteso inutilmente l'arrivo di un figlio. Una sera, guardando uno spettacolo alla televisione, avevano deciso di adottarne uno.

Una creatura indifesa e innocente sulla quale riversare tutto l'affetto sarebbe stata la cura migliore per allontanare la brutta bestia. La "brutta bestia" era una grave depressione che aveva colpito Carla quando, per dei fatti non chiariti, era stata costretta ad abbandonare l'insegnamento.

La prima telefonata all'ufficio adozioni l'aveva voluta fare lei. Con la voce serena e allegra di un tempo aveva detto: «Lo vogliamo subito, il prima possibile, va bene piccolo o un po' più grande, sì, va bene indiano, anche negro».

I due anni necessari per le pratiche erano volati via in un soffio. Appena tre mesi prima avevano saputo che la loro destinazione era l'Africa.

Scesi dall'aereo, entrambi erano rimasti colpiti dall'estensione e dalla limpidezza del cielo.

«Sembra quello di un film» aveva detto Carla.

Antonio aveva annuito.

Sì, davvero un cielo così l'avevano visto soltanto al cinema. Le formalità dello sbarco avevano assorbito molte ore, soltanto a sera inoltrata erano riusciti a raggiungere il loro albergo.

Le foglie sì, scendono dal cielo. Anche i rami qualche volta e i frutti vengono giù dall'albero. Nella stagione giusta anche la pioggia scendeva dal cielo, le grosse gocce giù dalle nubi. Gli uccelli erano capaci di farlo, spingendo avanti le zampe toccavano il suolo. Dal cielo. In quei tre giorni aveva guardato con attenzione tutti i baobab e le acacie dei dintorni. Non li aveva mai visti, no, non aveva mai scorto lassù tra le fronde né un piede né una mano di Carla e di Antonio. Scendevano da dove allora? Dietro l'azzurro del cielo c'era forse un altro paese? Forse sì: doveva essere il paese delle mamme e dei papà. A un certo punto si calavano a prendere un figlio. La mamma di Umbù, però, era sempre stata lì intorno. Ma i cani non avevano l'anima, neanche gli uccelli. Gliel'aveva detto padre Johannes. Aveva l'anima soltanto chi era capace di parlare. Solo le mamme e i papà con l'anima scendevano da quel paese. Anche il papà e la mamma di padre Johannes allora dovevano essere venuti da lì. Un paese tutto bianco, certo.

Probabilmente il bianco era meno pesante. Sarebbe diventato anche lui bianco? Bianco bianco come i suoi denti? Cosa avrebbe detto Umbù? L'avrebbe riconosciuto ancora? O gli avrebbe ringhiato come ringhiava di notte agli sciacalli? Umbù veniva con lui, questo era più chiaro del sole in cielo. Neppure un giorno avrebbero potuto vivere distanti. Se lassù c'erano degli altri cani, dei cani bianchi, piano piano si sarebbe abituato, sarebbe divenuto loro amico. In ogni caso, come avrebbero fatto a salire? Forse Carla e Antonio avrebbero portato con sé delle ali per lui e Umbù. Mamma e papà, però, non avevano le ali, gliel'aveva detto Filò. Anche se scendevano dal cielo non erano angeli. E perché poi doveva salire in cielo? Non potevano mamma e papà fermarsi lì da lui?

Prima di rannicchiarsi nella brandina, Arik si ricordò di un'immagine che aveva scorto appesa nello studio di padre Johannes. C'era un uomo bianco con un lungo vestito marrone e ai piedi due nuvolette larghe e comode come ciabatte. Aveva chiesto al padre che cosa fosse: «È l'ascensione di san Francesco al cielo» gli aveva risposto.

L'ascensione, già.

E se lui e Umbù fossero stati scelti per diventare santi?

La mattina dopo Carla e Antonio erano stati i primi clienti a scendere nel salone delle colazioni. Finito di bere il tè, Antonio aveva controllato la cinepresa. Nonostante gli scossoni del viaggio e il cambiamento di clima tutto era a posto.

Si alzarono in silenzio, il *boy* dell'ingresso fermò per loro un taxi.

Lungo tutto il percorso Carla non notò nulla del paesaggio intorno. Tra sé e sé ripeteva le raccomandazioni che le aveva fatto lo psicologo. Gesti sempre pacati e calmi, poche parole e lente, comportarsi con fermezza, senza però forzare niente.

Poi vide padre Johannes venirle incontro. Se l'era immaginato proprio così. Un uomo in cui la severità dello spirito si esprimeva attraverso l'armonia del corpo. Senza molte cerimonie li aveva fatti accomodare nel suo studio. Arik, aveva detto, era di là con l'assistente sociale.

Per più di un'ora avevano parlato del bambino, o meglio aveva parlato padre Johannes e loro avevano ascoltato.

Glielo fecero vedere già il primo giorno. Con un grembiule lungo quasi fino ai piedi se ne stava in fondo a un corridoio. Accanto a lui c'era una donna nera che lo teneva per mano. Avvicinandosi – quel corridoio non finiva mai – Carla trasalì per la lucentezza dei suoi occhi. Poi stirò le labbra in un sorriso. Anche Antonio sorrise, lo sguardo nascosto dietro la cinepresa.

«Sorridi», disse Filò, ma Arik, il viso affondato nella sua gamba, strinse i denti e ringhiò forte e feroce come Umbù ringhiava contro gli sciacalli.

Quella notte Carla sognò il circo. C'erano nani, tigri, leoni, giocolieri e cavallerizze. All'improvviso mancava la luce, la banda cessava di suonare. Nell'oscurità profonda appariva lo sguardo scintillante di una belva, avanzava verso di lei in silenzio.

Padre Johannes e Filò si accorsero subito che qualcosa non andava per il verso giusto. Non appena i coniugi Mosca se ne erano andati, Arik era caduto preda di un'insolita irrequietezza. Andava in una stanza, annusava l'aria, socchiudeva gli occhi, si spostava nell'altra a piccoli balzi. La sera, poi, padre Johannes l'aveva trovato non nel letto ma in cortile, abbracciato a Umbù come fossero un unico corpo.

Non hanno le ali, non sono neanche scesi dal cielo. Li ho visti io stesso con i loro piedi e le scarpe entrare nel corridoio. Lei aveva le mani libere e paura negli occhi, lui un piccolo fucile nero con un foro enorme nel mezzo: non sparava proiettili ma faceva rumore lo stesso. Ho ringhiato per difendermi, ma lui continuava a sparare. Non sono morto come muoiono i leoni ma neanche lui ha preso paura.

Nei giorni seguenti il comportamento di Arik era costantemente peggiorato.

Dopo una settimana Carla aveva avuto una crisi di sconforto. Tra il bambino descritto da padre Johannes nelle lettere e quel piccolo diavoletto ringhiante non era possibile rintracciare neppure una vaga somiglianza. Sul giornale ogni giorno si leggevano storie di truffe compiute ai danni di persone in buona fede. Inquieta, si consultò con il marito. E se anche loro fossero caduti in un affare losco?

L'ottavo giorno Antonio comunicò a padre Johannes che non potevano trattenersi lì oltre. Arik, che lo volesse o meno, doveva partire con loro. Padre Johannes si oppose. In quelle condizioni il bambino non era proprio in grado di partire.

«I bambini», disse allora Antonio, «sono un po' come i cani. Se ci si dimostra deboli si diviene loro schiavi.»

«Tra i bambini e i cani», rispose padre Johannes, «c'è una sola differenza, ma grossa. L'anima.»

«L'anima si forgia, come tutto il resto», disse Antonio, «e in ogni caso, anima o non anima, il bambino ormai è nostro e abbiamo diritto ad averlo.»

La sera stessa nella polenta di manioca Arik sentì uno strano gusto, amaro.

Con quello stesso gusto in bocca si svegliò molte ore dopo.

Sopra di lui stavano mamma e papà. Sorridevano con gli occhi fissi, senza mostrare i denti. Con guizzo improvviso si cappottò su se stesso, sprofondando la testa nella pancia.

Nel girarsi vide, oltre il vetro, cose bianche, soffici ed enormi.

Ascendeva, dunque. Divorato da un uccello, nel suo ventre luccicante, stava davvero salendo in alto.

L'avevano dovuto portare giù in braccio dalla scaletta dell'aereo. Per tutto il viaggio, infatti, Arik era rimasto arrotolato come un riccio. Ad attenderli, c'era una piccola delegazione del loro paese. Il parroco, gli amici più cari con i figli, alcuni colleghi di lavoro.

Al controllo passaporti c'era stata una piccola scaramuccia. Non riuscendo a vedere il bambino in volto, i poliziotti non volevano farli passare. Carla stava per scoppiare in lacrime.

Soltanto fuori, tra le braccia affettuose degli amici, era riuscita a sciogliersi da tutta la tensione di quei giorni e aveva pianto davvero.

Davanti ai flash delle macchine fotografiche, Carla e Antonio avevano sollevato Arik in alto e, ridendo di gioia, si erano fatti immortalare in quella posa.

Poco prima che lo sportello della loro macchina si richiudesse, il figlio di una sua amica aveva esclamato: «Ma è di cioccolata!» e aveva cercato di toccarlo.

L'auto sparì, inghiottita dalla nebbia.

Dunque le nuvole erano così, un po' traspa-
renti e un po' no. Grigie e bagnate, al loro inter-
no nascondevano un mondo dall'apparenza so-
lida. C'erano tante case, alte, altissime, e strade
senza polvere e tante persone bianche, più bian-
che dei suoi denti. Mamma e papà si muoveva-
no con agio tra quelle cose di vapore leggero,
ma lui? Lui che veniva da un altro mondo, che
era nero e pesante, se avesse toccato il suolo sa-
rebbe certamente sprofondato oltre, cadendo
giù fino a un punto che nessuno aveva ancora
mai visto. No, non sarebbe mai sceso da quelle
braccia. Almeno fino a che non gli avessero in-
segnato il trucco, la parola magica che poteva
farlo restare fermo in piedi anche nell'aria.

Quella sera Carla aveva faticato a toglierse-
lo di dosso. Le parole affettuose e calme e le
lunghe spiegazioni non erano servite a niente.
Alle sue domande Arik non rispondeva, alle
suppliche neppure alzava il capo.

Verso mezzanotte, Antonio aveva deciso di
agire con fermezza. Staccando le mani del
bambino dal corpo della moglie, l'aveva sollevato per le ascelle e trascinato nella sua stanza.
Nell'istante stesso in cui l'aveva deposto sul letto, Arik aveva mosso le braccia e le gambe nel
vuoto, gridando: «No!».

Era la prima volta che sentivano la sua voce.

Era stata Carla a calmarlo, mettendogli una
mano tra i capelli. «Buonanotte, tesoro mio» e
l'aveva baciato sulla fronte.

Che strano buio, il buio tra le nubi! Ogni tanto una luce improvvisa inondava la stanza, e si vedeva tutto intorno, poi spariva con un ringhio forte. Stelle che cadono, forse, e proseguono oltre. Ruggiti poi e ululati ma non di cose con le ali, le zampe. Tutte cose che non aveva mai visto. L'importante era essere riuscito a sapere la parola. Per non sprofondare nel vuoto: buonanotte, tesoro mio. Bisognava ripeterla a ogni passo? Oppure bastava dirla una sola volta al mattino? Il sole, lassù, da che parte sarebbe sorto? A destra, a sinistra, in alto o in basso, sotto?

L'aveva vista una figura sui libri di padre Johannes. Il sole, anche se era grande, era una piccola pallina dorata. Tante altre palline più scure gli roteavano intorno. Lui su quale pallina era finito? Sporgendosi dalla finestra avrebbe potuto vedere laggiù, lontano, il tetto di lamiera della missione? Poteva essere come quando da un albero guardava sotto, si vedeva tutto ma piccolo piccolo. Dall'alto di un baobab Umbù sembrava un topo. Umbù.

Dov'era Umbù? Era asceso anche lui dopo aver mangiato quella polenta amara? Con quattro nuvolette sulle zampe? Doveva essere asceso. Gliel'aveva promesso, battendo tre volte la coda nella polvere aveva detto sì. Non poteva essere troppo distante, non si lasciavano mai loro, non più di quaranta passi o cinquanta. Bastava chiamarlo, tre fischi corti e due lunghi, fischi fatti piano quasi come quando andavano a caccia.

No, niente si muoveva intorno, neppure un respiro, un ticchettio di unghie. Intanto qualcosa succedeva nella pancia. Cosa aveva detto Filò? La felicità è un albero che cresce nella pancia? Oh no, teporino, come quando si mangia. Ma lui aveva fame, aveva freddo, un freddo mai avuto prima, nelle ossa, dentro. Aveva fame e nessuno gli dava da mangiare, aveva freddo e Umbù non c'era. Perché Umbù non era asceso?

«Buonanotte, tesoro mio» esclamò forte il mattino dopo Arik scendendo dal letto. Carla sorrise. Il bambino parlava.

«No, amore», disse, «adesso devi dire: buongiorno, mammina!»

«Buongiorno», ripeté Arik, «buongiorno, buongiorno, mammina!» seguendola con passi cauti fino in cucina. Lì Carla gli servì un'abbondante colazione, poi gli si sedette accanto.

«Vedi, Arik», disse indicando la finestra, «oggi per fortuna c'è il sole. Fa freddo e c'è il sole. Quando avrai finito di mangiare andremo a fare una passeggiata. Vedrai quante cose belle ci sono qui intorno!»

«Umbù!» gridò Arik senza guardarla negli occhi.

«Umbù?! Cos'è Umbù, caro? Dimmi cos'è.»

«Umbù!» ripeté il bambino e ringhiò piano.

Allora Carla si ricordò. Umbù era quel piccolo cane giallo della missione! Uscì dalla cucina, raggiunse la stanza di Arik e tornò portando con sé un grande cane di stoppa.

«Ecco il tuo nuovo Umbù!» disse conse-
gnandolo ad Arik. Arik lo sollevò delicatamente
per la collottola, lo guardò a lungo negli occhi,
poi pose due dita sulle narici e le lasciò lì.

«Adesso andiamo, Arik, non possiamo perdere le ore migliori, con il cane giocherai dopo»
e, sollevatolo di peso dalla sedia, gli infilò un
giaccone trapuntato con ancora l'etichetta sopra, i paraorecchi di pelouche a forma di elefante, degli stivaletti con i lacci, poi indossò lei
il suo cappotto e uscirono in strada.

Lungo il percorso fu colpita dalla lentezza
del bambino. Camminava piano, con l'andatu-
ra di un vecchio o di un malato e a ogni passo si
fissava i piedi. Non disse niente, però. Sapeva
che per lui tutto era nuovo e bisognava lasciar-
gli il tempo di abituarsi. Rallentò anche lei e, in
poco meno di un'ora, raggiunsero il supermercato.

Lì ebbe qualche problema. Arik, che non
aveva mai visto tanta merce insieme, voleva as-
saggiare ogni cosa. Le commesse, intenerite, invece di protestare, facevano finta di non vedere. Fu lei, dentro di sé a opporsi. Il bambino
non doveva assolutamente credere che tutto
quello scempio fosse permesso. Togliendogli le
cose dalla bocca lo rimproverò con voce ferma.
Non servì a molto. Quasi con furore, Arik continuava ad aprire tutte le confezioni che gli ca-
pitavano a tiro.

Allora si ricordò di come faceva con il cane

che aveva avuto. Lo lasciava fuori, legato con una catena corta ai ganci predisposti nell'ingresso. Così fece con Arik.

Quando attaccò il gancio a un'asola del suo giaccone, il bambino si lasciò cadere in ginocchio senza dire neppure una parola. Vicino a lui c'era già un cane, un piccolo bastardino maculato dalla coda ritorta.

Uscendo con le sporte Carla trovò un'anziana signora china su di loro. Li stava accarezzando sulla testa. Appena la vide le chiese quale dei due fosse il suo.

«Questo» rispose Carla e, deposte le borse a terra, sganciò dal muro il giaccone di Arik. Rimase lì ancora un paio di minuti. La vecchia voleva sapere tutto del bambino. Carla le spiegò con gentilezza che non era suo. Insomma, suo marito era bianco. Non era suo ma era suo. Cioè, concluse ridendo per l'imprevisto gioco di parole, lei e suo marito l'avevano adottato da poco in Africa.

Aprendo la porta di casa, Carla ebbe l'impressione di sentire uno strano odore. Odore forte, di bestia selvatica. Strano, pensò, perché quella mattina stessa, prima che Arik si svegliasse, aveva passato la varechina dappertutto. Forse, nella loro assenza, da una finestra aperta era entrato un cane, o un gatto randagio. Cominciò a perlustrare tutti gli ambienti. Intanto Arik, con il suo cane di stoppa, si era rifugiato nella sua stanza.

*Le parole per stare in piedi sono due: buona-
notte tesoro mio, buongiorno, mammina. In questo modo non si sprofonda mai. Quella del mattino è anche più potente, al solo dirla fa sparire
le nubi e fa uscire il sole quasi come alla missione. Quasi come, perché è un sole finto, non scal-
da proprio per niente. Invece di Umbù la mamma mi ha dato un cane piccolo, fatto quasi di coperta, muto, con gli occhi fissi e le narici senza
aria. È come Umbù solo che non ha il respiro. È
il totem di Umbù. Umbù sta ancora là sotto, in
basso e questa è la forma per chiamarlo quassù,
con me. Bisogna soltanto fare una magia. Qualche volta, laggiù, le ho viste fare le magie. Si dà
fuoco al totem e si salta intorno gridando forte
parole che non esistono da nessuna parte.*

Quel giorno Antonio tornò a casa alle cinque
in punto. Carla aveva appena finito di lavare
un'altra volta il pavimento. Senza togliersi i
guanti di gomma gli corse incontro e si fece baciare sulla fronte. Poi Antonio si versò del liquore e sedettero insieme sul divano.

Carla gli raccontò la prima uscita di Arik. A
parte le bizze al supermercato, tutto era filato
liscio come l'olio. Non avrebbe mai immaginato
che il bambino potesse essere così quieto, così
obbediente.

Antonio sorseggiò il liquore. «È la gratitudine», disse, «abbiamo la gratitudine dalla nostra
parte. Il bambino è docile perché...»

«Non senti uno strano odore?» lo interruppe

Carla. «È da quando siamo tornati che lo sento. Sembra che sia entrato un cane selvatico o qualcosa del genere.»

Antonio inspirò. «No, a dire il vero non sento niente... Odore di varechina, questo sì ma... Oh sì, aspetta, adesso sento, ma che puzza è? Non è mica di bestia selvatica.»

«Oh!» gridò Carla «È puzza di bruciato!»

Dal corpo del cane usciva un fumo nero e acre, piccole fiammelle, simili a un'aureola, percorrevano il corpo. Arik si era tolto i vestiti e gridando parole incomprensibili gli girava intorno.

Fu Carla a lanciare un secchio d'acqua sul cane. Antonio con un balzo saltò sul bambino e lo immobilizzò al suolo. Arik gridava come un piccolo cinghiale, non smetteva di gridare e divincolarsi. Carla andò con il secchio in cucina, lo riempì d'acqua, tornò nella stanza e glielo versò addosso.

La doccia gelata fece il suo effetto. Arik si fermò, restò immobile.

Antonio disse: «Non siamo più tra i selvaggi» e lo invitò ad alzarsi. Lo dovettero sollevare con forza, vestirlo e asciugarlo alla bell'e meglio.

Era ora di cena.

Davanti alla tavola imbandita, il bambino non aprì bocca.

Soltanto quando lo coricarono tra le coperte, parlò. «Buonanotte, tesoro mio» disse.

«È stata una giornata faticosa per tutti», rispose Carla, «ma non preoccuparti, domani andrà tutto meglio» e lo baciò sulla fronte.

Sparecchiando la tavola, Antonio suggerì alla moglie di chiamare lo psicologo. Si era trattato di un episodio più che normale, certo, ma in ogni caso era meglio vederci chiaro. Carla si disse d'accordo. Il mattino dopo l'avrebbe interpellato.

Spenta la luce, nel letto cercò il corpo del marito. Si ricordò di quello di Arik. Vedendolo nudo, si era accorta che, pur essendo un bambino, era già un uomo fatto. Forse non tutto era normale, c'era una disfunzione o qualcosa del genere. Stava per esporre i suoi dubbi ad Antonio, poi si fermò. Non voleva allarmarlo, magari renderlo geloso. Del resto lo sapevano tutti, lo dicevano che i negri... Arik era negro. Certo, doveva essere così. Carla tirò un profondo sospiro. La puzza di bruciato se ne era andata. Però quello strano odore era tornato, se lo sentiva addosso, sul corpo del marito.

Avevano distrutto il totem, vi avevano buttato dell'acqua sopra. Umbù non sarebbe mai venuto. Neanche con la magia Umbù ce l'aveva fatta ad ascendere. Adesso lui era solo, sarebbe stato solo per sempre lassù tra le nubi. Anche mangiando non sentiva nessun teporino nella pancia, proprio nessuno. Senza il suo cane non avrebbe mai provato teporini da nessuna parte.

Il giorno dopo, Antonio partì per condurre un treno all'altro capo della penisola.

Di tutta la storia dell'incendio era rimasto solo un cerchio più scuro sulle mattonelle di ceramica. Arik sembrava aver cancellato l'intero episodio dalla sua mente e Carla si guardò bene dal farvi qualsiasi riferimento.

Poco prima di pranzo, mentre Arik si lavava le mani, cercò il numero di telefono dello psicologo. Ricordava di averlo scritto su un foglietto di carta e di averlo messo tra le pagine della grande rubrica ma, pur sfogliandola più volte, non riuscì a trovarlo.

A tavola, Arik non volle mangiare niente. Esasperata, Carla gli afferrò il collo e cercò di imboccarlo: «O mangi la minestra, o salti dalla finestra».

Arik si divincolò con l'agilità di una serpe, di corsa raggiunse il davanzale, vi saltò sopra.

Carla riuscì a bloccarlo appena in tempo, tuffandosi avanti e afferrandogli le gambe. Ruzzolarono a terra insieme. Nel corpo a corpo, s'accorse un'altra volta ch'era uomo. Per un po' restarono uno accanto all'altro, ansimanti. Poi, lei lo afferrò sotto la nuca, lo trascinò nella sua stanza e, dopo essersi accertata che non ci fossero in giro fiammiferi, coltelli o cose simili, con due giri di chiave lo chiuse dentro.

Percorrendo il corridoio, pensò che doveva assolutamente chiamare lo psicologo. Intanto, però, quello strano odore aveva invaso di nuovo la stanza. Andò nello sgabuzzino, prese tutto il necessario e, con meticolosa diligenza, a una a una lavò le stanze.

Antonio fece rientro il giorno dopo, a ora di pranzo. Raccontò ad Arik del viaggio, di come fosse bello guidare un treno con tanta gente sopra. Finito di mangiare, raggiunse la moglie in cucina e le chiese che cosa avesse detto lo psicologo.

«È tutto a posto, tutto normale, bisogna solo proseguire così, con amore» aveva risposto Carla, gli occhi fissi nell'acqua dei piatti.

Gli era saltata addosso come avesse dentro di sé lo spirito di un demonio. Lui aveva solo cercato di andare a casa, di tornare giù come lei gli aveva detto. Invece c'era stata tutta quella confusione e nella confusione, a terra, rotolandosi insieme, all'improvviso aveva sentito quella cosa. Teporino non nella pancia, ma più in basso, in mezzo alle gambe. Era stata per un po' immobile come una lucertola al sole, l'aveva annusato, anche lui l'aveva annusata. Poi il demonio da qualche parte l'aveva morsa, era schizzata su in piedi furiosa.

I demoni! Li aveva visti mille volte di giorno, di notte intorno alla missione. I demoni facevano fare cose che non era ragionevole fare. I cani, come belve, ringhiavano all'aria e gli uomini invece di arare o andare alla fonte, per giorni si dimenavano a terra, urlavano con gli occhi tutti bianchi. La magia curava i demoni, li faceva uscire fuori sibilando dai denti o con

*gran fragore dal sedere. Prima o poi una magia
lui l'avrebbe trovata. Allora Carla sarebbe stata libera, sarebbe stata la sua mamma per
sempre, un dolce teporino nei due corpi.*

Il giorno dopo, al risveglio, Carla e Antonio
ebbero la sorpresa di trovare Arik a letto con
loro. Stava lì, in pigiama sopra le coperte, con
un fianco aderiva al fianco di Carla.

«Prendi freddo!» disse Antonio e sollevò le
lenzuola per farlo entrare sotto. Era domenica... Distesi uno accanto all'altro, indugiarono
a lungo tra le coperte. Alternandosi nelle de-
scrizioni, raccontarono ad Arik del suo immi-
nente ingresso a scuola. Bisognava andare a
scuola, dissero, per poter fare le cose che fanno
i grandi. Studiando avrebbe potuto fare il medico, l'ingegnere o il professore oppure, come il
papà, avrebbe potuto condurre i treni.

Arik ascoltò tutto con attenzione. Guardava
la mamma negli occhi, guardava il papà, guardava la mamma più in basso.

Quando si alzarono, gli fecero un bel bagno.
Mentre Antonio riempiva la vasca, Carla gli tolse i vestiti.

Per un po' lo osservarono giocare, risero
quando con le mani aperte cercò di acchiappa-
re le bolle di sapone.

Poi Carla prese una grossa spugna, l'insa-
ponò e cominciò a passarla avanti e indietro
sulla schiena del bambino. Lavata la schiena,

Arik si alzò in piedi e porse alla mamma le braccia e le gambe. Mentre Carla gli stava sfregando il tratto tra la caviglia e il ginocchio suonò il telefono. Antonio uscì per andare a rispondere, Arik afferrò la mano di Carla e la fece salire più in alto.

«Come sei rossa!» esclamò Antonio rientrando, «qui dentro fa un caldo soffocante» e preso Arik per le ascelle lo portò fuori dall'acqua.

Fu Carla ad asciugarlo con un grande telo morbido. Quando finì di mettergli il talco, Arik ancora nudo le si tuffò addosso. Con la bocca sulla sua pancia la strinse a sé in una specie di abbraccio.

Anche Antonio abbracciò la moglie.

«Hai visto», disse, «non c'è niente di impossibile o misterioso. Per farsi amare basta prendersi un po' cura di loro.»

Venne il giorno di andare a scuola. Con una cartella nuova di zecca e i paraorecchi a forma di elefante, Arik uscì con Carla di buon'ora. Varcarono la porta assieme a tutti gli altri. Al loro passaggio alcuni bambini, furtivamente, allungarono la mano per toccarlo.

Per prima cosa andarono dal direttore. Carla gli presentò il bambino, il direttore si chinò su di lui, gli offrì una caramella azzurra che stava sul tavolo assieme alle penne. Poi, una volta soli, condusse Arik a una lavagna e con pazienza lo interrogò per più di un'ora. Il bambino, concluse alla fine, sapeva poco o nulla.

Fece chiamare un'insegnante delle prime classi e, dopo averle esposto le nozioni in possesso del nuovo alunno, li invitò a tornare insieme in aula.

La maestra era giovane e amava parlare. Lungo il tragitto raccontò ad Arik che da piccola aveva sempre sognato di andare in Africa. Le sarebbe piaciuto fare la missionaria, occuparsi di bambini come lui. Doveva essere magnifico laggiù con gli elefanti, i leoni e tutto il resto...

Arik le trottava accanto, con i suoi grandi occhi scintillanti la guardava in silenzio. Giunti davanti alla porta dell'aula gli tolse il cappotto e i paraorecchi e, con un braccio lo spinse dentro.

Ci fu un improvviso silenzio. Chi stava giocando con il righello e la gomma si fermò con le mani in aria.

«Bambini», esclamò allora la maestra, «questo è un vostro nuovo compagno. Si chiama Arik e viene da molto lontano, dal cuore dell'Africa. Cercate dunque di essere gentili e di aiutarlo ogni volta che ne ha bisogno. Lui sicuramente vi ricambierà raccontandovi un mucchio di cose meravigliose del suo paese.»

Detto questo accompagnò Arik al suo banco e iniziò le lezioni come ogni giorno.

Accanto ad Arik era seduta una bambina grassoccia e con i capelli rossi. Fu lei, con gesti cauti, ad aprirgli lo zainetto, a mettere sul banco in ordine i libri e i quaderni necessari.

La maestra stava spiegando la storia di Roma. I due gemelli Romolo e Remo, abbandonati nel fiume dalla crudeltà umana, avevano trovato la salvezza nell'amore di una lupa. Quella bestia selvaggia aveva dato loro il latte come se fossero suoi cuccioli. Finita la spiegazione pregò i suoi scolari di illustrare con le matite colorate quello che aveva detto.

Mezz'ora dopo la bambina rossa portò sulla cattedra il disegno di Arik.

La maestra lo guardò con attenzione. Non c'era una lupa sul foglio ma una leonessa. Attaccati ai capezzoli aveva tre cuccioli suoi e un piccolo bambino di colore. Non disse niente, posò il foglio di carta in mezzo agli altri. Era una fantasia del bambino? O davvero era andata così?

Suonò l'intervallo. Con grandi schiamazzi, i bambini uscirono fuori. Rimasto solo, Arik si raggomitolò su se stesso con la testa sulle ginocchia.

All'intervallo, seguì l'ora di geografia. La maestra illustrò le differenze tra i popoli.

Tutti gli uomini erano fratelli discendenti dalla stessa identica coppia di avi. Con il tempo, però, grazie al clima e all'alimentazione si erano prodotte delle differenze. C'erano uomini bianchi con i capelli biondi, c'erano uomini neri, gialli e rossastri come gli indiani e altri bianchi ma con i capelli scuri.

Raggiunse Arik al suo banco. Con una mano posata sulla sua testa, mostrò a tutti come in lui, che era nato nel caldo secco della savana, si fossero dilatate le narici, come la pelle fosse divenuta scura per proteggerlo dalle radiazioni del sole troppo forti.

«Guardate anche le orecchie», continuò, «come sono grandi. Anche gli elefanti ce l'hanno così sproporzionate. E gli orsi bianchi del polo come ce l'hanno? Piccole piccole, che quasi non si vedono. Sapete perché? Perché servono a disperdere il calore accumulato. L'orso sta nel freddo e le ha piccole, l'elefante nel caldo e le ha grandi. Questi sono i meravigliosi adattamenti della natura.»

Squillò la campanella.

Arik si alzò per primo e in modo così brusco che ribaltò il banco. Quando indossò i paraorecchi con gli elefanti, un bambino biondo barrì forte.

Tornati a casa, Carla fece scorrere l'acqua della vasca, ve lo immerse e, con un guanto di crine, lo sfregò per mezz'ora. Quando lo tirò fuori Arik le sfuggì di mano e cominciò a correrle intorno, ululando, con bizzarri saltelli simili a una danza. Cercò di acchiapparlo, senza riuscirci. Mentre gli gridava di fermarsi con le braccia in alto, Arik raggiunse il suo ventre e lo morse due volte.

Allora Carla fece quello che non aveva mai fatto. Gli mollò uno schiaffo.

Poco dopo, mentre stava stirando, ricevette una telefonata dalla maestra. Con parole caute si informò sui primi anni della vita di Arik.

«Con i leoni?» ripetè Carla stupita, «no, credo proprio di no. Che io sappia, no.»

Quella sera Carla andò a dormire da sola. Antonio, come ogni settimana, stava conducendo il suo treno dall'altro lato della penisola.

A metà della notte si svegliò di soprassalto. Nel buio qualcuno la guardava, la toccava con delle mani sporche o con le zampe. Sogno? Impressione? Si alzò scalza e andò a chiudere a chiave la porta della stanza.

Quattro giorni dopo arrivarono gli operai per installare delle grate di ferro alle finestre. Carla aveva confessato al marito che le notti in cui era sola non si sentiva affatto sicura. Antonio aveva cercato di allontanare i suoi timori, le aveva proposto di comprare un cane, un bel cane grande e forte, da guardia. Ma lei aveva insistito. L'unica soluzione per dormire tranquilli era quella di barrare tutte le vie d'accesso. Antonio allora aveva ceduto. Non voleva contrariare la moglie per un motivo così futile.

Durante il pranzo, Antonio si accorse che sul collo e le mani di Arik c'erano delle croste rossastre.

Carla si avvicinò per vedere meglio. «Sì, disse, è vero. Forse a scuola c'è un'epidemia di scabbia» e senza neppure lasciarlo terminare portò Arik in stanza da bagno. Non lo lavò con il sapone solito ma con un più efficace detersivo per piastrelle.

Il mattino dopo giunsero due lettere. Una per Carla e Antonio, l'altra per Arik.

Quella di Arik era una cartolina con sopra riprodotta la figura di un leone. Dietro c'era scritto: «Come va il teporino?» e le due firme di Filò e del missionario.

Nella lettera per i genitori padre Johannes si informava sui progressi del bambino.

Dopo aver mangiato, Arik si ritirò nella sua camera. Quando Antonio uscì, Carla lo raggiunse senza fare rumore. Gli scuri erano accostati. Nella penombra vide i suoi occhi scintillanti. Poi vide il resto. Il bambino, la cartolina avvolta intorno al membro, se lo sfregava velocemente avanti e indietro.

Accecata dalla rabbia, si avventò su di lui, colpendolo con un libro, con una scarpa, con la lampada della scrivania; poi lo trascinò in bagno, riempì il lavabo gridando:

«Io voglio un bambino! Un bambino! Non una bestia!» e gli ficcò dentro la testa.

Lassù le magie non funzionavano proprio per niente. A impedirle era il colore, finalmente l'aveva capito. Le magie funzionavano da bianco a bianco, da nero a nero. Allora, per liberare la mamma c'era una cosa soltanto da fare. Diventare bianco.

Il giorno dopo, a metà mattino, Arik fu accompagnato a casa da un bidello. Carla si meravigliò di vederlo tornare a quell'ora. Chiese se per caso fosse malato, se avesse la febbre o qualcosa del genere.

Il bidello scosse il capo. «Un episodio increscioso» e non aggiunse altro.

Fu la maestra a telefonarle al termine delle lezioni. Arik aveva morsicato la sua compagna di banco. Le consigliava di tenerlo per un po' lontano da scuola, di farlo visitare da uno psicologo.

Carla si lasciò cadere sul divano e pianse.

Arik andò in cucina e, senza neanche prendere fiato, bevve due litri di latte.

Quando Antonio tornò Carla piangeva ancora.

«È successo qualcosa?» le chiese stupito.

«Oh no, non è niente. È solo che quest'odore mi deprime, non riesco a mandarlo via!»

Con il marito accanto riuscì a rilassarsi e s'addormentò.

Mentre dormiva, Antonio cercò il numero di telefono dello psicologo. Non riuscì a trovarlo da nessuna parte. Purtroppo non ne ricordava neanche il cognome.

Nei giorni seguenti, Arik non andò a scuola. Carla disse ad Antonio che stavano riverniciando le aule e che per almeno dieci giorni l'intera classe sarebbe rimasta a casa. Antonio si rallegrò. Così almeno poteva starsene un po' con il suo bambino.

Un giorno l'aveva portato con sé alla stazione. Tutti i colleghi gli si erano fatti intorno e uno di essi aveva permesso ad Arik di indossare il suo cappello rosso. Era troppo grande. Con la visiera sugli occhi e un fischietto in bocca, Arik aveva preso a barcollare come ubriaco tra le pensiline e i binari.

Alcuni di loro l'avevano inseguito e, afferrandolo per le spalle, gli avevano tolto il cappello, ridendo. Il fatto che il bambino non ridesse affatto li aveva un po' delusi.

Una domenica, erano andati al circo. Era un circo grande e, per godersi meglio lo spettacolo, avevano acquistato i biglietti di prima fila. C'erano acrobati, giocolieri, gnù, cammelli e cavallerizze dalle gambe grosse. C'erano anche le belve. Leoni e tigri dal manto splendido. Le loro gabbie vennero montate da una decina di uomini neri vestiti con tute rosse, durante l'intervallo.

«Hai visto?» aveva detto Antonio ad Arik, «adesso entrano i leoni!»

Da un tunnel di sbarre, le belve avevano raggiunto di corsa il domatore in mezzo alla pista, tra il rullo dei tamburi e la musica della banda. A ogni schiocco di frusta, i leoni saltavano, correvano, contavano fino a cinque battendo la zampa. Poi le percussioni avevano accelerato il ritmo, il leone più grande aveva spalancato le fauci, e il domatore, in punta dei piedi, aveva avvicinato la testa.

All'improvviso, la luce era saltata e sotto il tendone era sceso il silenzio. Dopo un secondo, un urlo aveva lacerato l'aria.

Lassù, insomma, c'erano anche leoni e uomini neri e pesanti come lui. Lassù, però, anche i leoni diventavano bambole. Invece di dormire all'ombra o sbranare le gazzelle fendevano l'aria vuota con gli artigli. Ubbidivano a quell'uomo quasi nudo come lui obbediva a padre Johannes e Umbù a lui. Gli bruciava il cuore adesso. Gli bruciava sempre quando pensava a laggiù. Gli bruciava anche la schiena, forte, e la pelle delle braccia e delle gambe. Doveva essere la nuova pelle bianca che stava uscendo. Per fare prima aveva bevuto litri e litri di latte, ne aveva bevuto talmente tanto che andava sempre al gabinetto. Doveva fare presto, però, perché la mamma aveva bisogno di aiuto. Al circo, dalla sua bocca il demonio aveva lanciato un grido così spaventoso che persino il papà era diventato più bianco.

All'inizio di novembre Antonio dovette partire per una serie di viaggi a lungo percorso. Sulla porta salutò la moglie più a lungo del solito. Allontanandosi per il vialetto si voltò tre volte a guardarla. Guardò lei, il loro giardinetto, la loro casa, la finestra illuminata nella stanza del bambino.

Il cielo era scuro. Quando Carla rientrò cominciò a piovere. Stringendosi la vestaglia addosso andò in salotto, accese il televisore. C'erano quiz dappertutto, lo spense. Telefonò a un'amica. Dopo un po' le disse: «Ti devo lasciare, il bambino mi aspetta per fare i compiti».

A parte la pioggia in casa c'era un grande silenzio. Dal mobile del salotto prese carta e penna. Le era venuto in mente di inviare una lettera a una cugina che non vedeva da tempo.

"Cara Margherita", scrisse sul margine alto del foglio, "come forse saprai, Antonio e io abbiamo adottato un bambino. Si chiama Arik e..."

Lasciò cadere la penna. Non ne aveva più voglia. Prese due pillole azzurre, si abbandonò a peso morto sul divano. Lì distesa a pancia in su cominciò a piangere, piangendo scivolò nello stordimento.

C'erano leoni con le fauci sempre più grandi e mani nere che sui vetri si posavano in silenzio. Occhi scintillavano nel buio e un missile extragalattico atterrava nel suo giardino. Dentro invece di marziani c'erano negri, la chiamavano sussurrando il suo nome tra gli scuri e le inferriate. Poi, a un tratto, vi fu un tepore diffuso e sul suo corpo la lieve pressione di un altro corpo.

Qualcosa le scivolava sui seni, le faceva schiudere la bocca, le si infilava dentro. Era caldo, era piacevole. «Antonio?» disse. Quando aprì gli occhi vide Arik sopra di lei, la sua lingua rossa nella sua bocca.

Riuscì ad afferrargli il collo, lo legò su una sedia e con un filo elettrico lo frustò a sangue. Riempì la vasca di acqua bollente e lo sbatté dentro. Raspò le ferite con il liquido per pavimenti, lo tirò fuori, a calci e schiaffi gli fece raggiungere la stanza. Poi, gridando spezzoni di parole, in vestaglia e pantofole, uscì.

Caro Umbù, non ce l'ho fatta a diventare leggero e bianco. C'ero quasi riuscito ma l'ultima magia mi è andata male. Volevo bere il colore bianco dalla bocca della mamma ma lei non ha voluto. Il demone è più forte. L'ha fatta gridare, le ha dipinto gli occhi di rosso. Di quello che ha detto non ho capito neanche una parola.

Hai fatto benissimo a non venire quassù. Qui non c'è nessun teporino, proprio nessuno. Dillo a Filò che si è sbagliata di grosso. Comunque stai sveglio, aspettami che presto ridiscendo.

Mentre fumavano una sigaretta non lontano dalle gabbie dei leoni a cui erano addetti, Cissé e Abdul sentirono un forte ruggito. Un ruggito così forte come mai non avevano sentito da quando lavoravano al circo.

«Strano», disse Abdul, «non è mica la loro ora di mangiare.»

«Già», disse Cissé, «eppure, ascolta... Senti? È proprio il ruggito delle leonesse che sbranano un cucciolo.»

Il corpo di Carla fu trovato il giorno stesso in un canale di irrigazione non lontano da casa. I soccorritori all'inizio stentarono a riconoscerla: la melma e i bitumi del fondo le avevano ricoperto completamente il volto.

All'ora del rinvenimento Antonio stava guidando il treno tra Napoli e Messina.

Fu lui a dare le disposizioni per la sepoltura. Dovette discutere a lungo con l'impresario di pompe funebri. Mamma e figlio, disse, non andavano messi nello stesso sepolcro. I resti del bambino andavano cremati. Ci avrebbe poi pensato lui a spedirli in Africa.

Dopo la cerimonia gli amici e i colleghi lo accompagnarono fino a casa. Sulla soglia lui li pregò di lasciarlo solo.

Per prima cosa aprì gli scuri. Poi prese della carta da lettera, una penna e seduto in cucina cominciò a scrivere:

«Caro padre Johannes...»

«Chissene...»

Giovedì, al ritorno dalla solita canasta, il professor Baraldi si era imbattuto in due giovanotti. Non avevano più di trent'anni ed erano di corporatura robusta. Il primo se ne stava sdraiato su un fianco con gli occhi chiusi, il secondo, appoggiato al muro, reggeva tra le gambe un pezzo di cartone. *Abbiamo fame*, c'era scritto. Sotto, qualche monetina luccicava in un triste portavasi di plastica. In vita sua, il professore non aveva mai visto dei mendicanti così giovani e così in buona salute.

Nel tragitto verso casa continuò a pensarci. Gli ritornò in mente anche l'incontro che aveva avuto con un suo nipotino, qualche tempo prima. Era per strada, in compagnia di alcuni coetanei e masticava una gomma americana.

«Ciao, nonno» aveva biascicato, distratto.

«Sputala!» gli aveva ingiunto lui, «sputala subito.»

«Chissene» gli aveva riso in faccia Massimiliano e si era allontanato con gli amici.

Senza quasi accorgersene, il professore era arrivato a casa. Nell'ascensore, appoggiò le mani al bastone e sospirò. «Dove diavolo sta andando il mondo?»

Il professor Baraldi aveva ottantacinque anni e da quindici era vedovo. Un male incurabile gli aveva portato via la moglie, più giovane di lui. All'inizio del loro matrimonio, Baraldi era ufficiale dell'esercito, ma, poco dopo la nascita del primo figlio, aveva abbandonato la carriera militare per dedicarsi all'amministrazione dell'ingente patrimonio della moglie. Successivamente aveva aperto uno studio di consulenza fiscale e, grazie alla sua abilità, era riuscito ad accumulare un patrimonio assai superiore a quello originario.

A ottant'anni, in seguito a una lieve ischemia cerebrale, su consiglio del medico aveva ceduto ai figli la conduzione dello studio, ma non si era affatto lasciato andare, anzi, si era costretto ad una vita ancora più curata e regolare. L'ordine e il rispetto, amava ripetere, sono le uniche cose che ci permettono di distinguerci dalle bestie.

«Arnilda!» chiamò a gran voce il professore, posando il panama bianco sull'appendiabiti.

Nessuna risposta.

«Arnilda!» ripeté stentoreo.

Poco dopo, dal fondo del corridoio, saettarono due occhi neri e luccicanti.

«Già, Rossella» scosse il capo sospirando e con un cenno imperioso del capo esclamò: «Qui!», indicando i suoi piedi. Dalla penombra, titubante, si materializzò una ragazza di colore, fasciata in un grembiule a quadretti bianchi e rossi. Con gesti maldestri, gli si inginocchiò ai piedi e gli tolse le scarpe.

Mezz'ora dopo, il professore era seduto a tavola, davanti al televisore acceso. Lo speaker parlava di una melma che aveva invaso i mari. Si vedevano alcuni bagnanti fermi sulla riva e un pattino che avanzava lento in una specie di gelatina. "Arnilda se ne è andata", pensò il professore, "e forse anch'io presto..." Sentì un vuoto aprirsi all'altezza dello stomaco, chiamò Rossella. La ragazza apparve con una scodella di moplen tra le mani.

«Ah, bene, i cetrioli» commentò, ma quando lei glieli servì nel piatto l'appetito svanì. Per cinquant'anni, Arnilda glieli aveva preparati tagliandoli sottili sottili e non poteva rassegnarsi a mangiare quella specie di tronchetti da selvaggi che Rossella gli metteva davanti.

«Fammi due uova» disse allora e quando lei tornò con la frittata, le spiegò per filo e per segno come andassero affettati i cetrioli in modo che li potessero mangiare anche i cristiani. Alla fine, piegando il tovagliolo, sospirò: «Ah, Arnilda mia, se tu potessi vedere com'è ridotto il tuo Pupo».

Arnilda era entrata a servizio nella famiglia del professore quando lui aveva cinque anni. Proveniva da una famiglia di contadini di Fiume Veneto e, sebbene al bambino fosse sembrata una donna già fatta, in realtà a quell'epoca non doveva avere più di dodici o tredici anni. "Pupo" era il nomignolo che lei gli aveva dato allora e Pupo il professore era rimasto fino a due mesi prima quando la tata, per un soffio al cuore trascurato, lo aveva abbandonato.

Da quel giorno, le sbadatezze da ottuagenario del professore avevano cominciato a peggiorare.

Una domenica, a pranzo dal primogenito, prima di mettersi a tavola, si era alzato per lavarsi le mani ma, invece di dirigersi in bagno, era andato in cucina e aveva aperto i rubinetti del gas. La sera stessa, i due figli, preoccupati, avevano deciso che era giunta l'ora di cercare una sostituta dell'Arnilda.

Trovarla in Italia si era ben presto dimostrata un'impresa impossibile, così si erano rivolti a un'organizzazione specializzata nel reperire colf in altri continenti.

Un mese dopo, dalle isole di Capoverde, era arrivata Rossella.

«Oh bella, una ragazza dei tucul», aveva commentato il professor Baraldi, vedendola comparire sulla porta. Con gran soddisfazione dei figli, non aveva mosso obiezioni davanti a una novità così grossa.

L'Arnilda però era rimasta in cima ai suoi

pensieri e spesso, quando era solo in casa – o credeva di esserlo – continuava il suo dialogo ininterrotto con lei, come se fosse ancora viva e presente al suo fianco.

Rossella aveva diciannove anni e aveva studiato in una missione religiosa dell'isola. Laggiù, le suore le avevano insegnato ad eseguire lavori di sartoria e un po' di pianoforte.

Quando Maria, la sua vicina di letto, se ne era andata a servizio in Italia le aveva promesso che l'avrebbe chiamata il prima possibile. Maria e Rossella, infatti, erano amiche del cuore. Tanto la prima era allegra e rumorosa, altrettanto la seconda era taciturna e impenetrabile.

Nel periodo di permanenza nella missione, la madre superiora aveva spesso cercato di correggerla. «Rossella cara», le diceva, fissando i suoi occhi un po' troppo luminosi, «stai attenta perché dietro le parole ci sono solo le parole, ma nel silenzio si può annidare qualsiasi cosa.»

"Qualsiasicosa" aveva tanti nomi, Rossella lo sapeva fin da quando era bambina. Aveva visto molte volte la nonna spennare delle galline vive e dare fuoco alle penne ripetendo un nome. Altri nomi le avevano sussurrato i fratelli, conducendola di notte sulle rive del mare in tempesta.

Qualsiasicosa faceva sparire gli oggetti all'improvviso e rendeva ciechi i bambini troppo curiosi. Qualsiasicosa non si vedeva mai e poteva fare male, molto male ma c'erano anche tanti modi per addomesticarlo. A saperlo usare al momento giusto si poteva essere quasi certi di essere in salvo.

Il "Qualsiasicosa" del professor Baraldi si chiamava Arnilda. Rossella l'aveva capito fin dal primo giorno di servizio. Se il professore era in casa, Qualsiasicosa Arnilda gli stava sempre accanto e lui, con una voce diversa dal solito, le parlava in continuazione, persino quando era in bagno o a letto, con la luce spenta.

Se invece il professore era fuori, Arnilda diventava prepotente, le faceva cadere i piatti di mano, bruciava le cose sul fuoco, disperdeva la polvere appena spazzata e con essa scriveva sul pavimento di linoleum misteriosi geroglifici.

Quando, una settimana dopo il suo arrivo, Maria le telefonò per dirle che domenica sarebbero uscite insieme, Rossella si sentì, oltre che felice, sollevata.

Il professor Baraldi non aveva mai appartenuto alla categoria di persone che amano indulgere a letto. A suo avviso, bisognava dormire soltanto le ore strettamente necessarie per il ristoro del corpo. Con l'avanzare degli anni, però, le sue ore erano costantemente diminuite. Non era raro ormai che alle tre o alle quattro di mattina fosse già perfettamente sveglio.

Accadde anche quel venerdì mattina. Era un effetto dell'età, lo sapeva bene, tuttavia non poteva non provare un fondo di irritazione. Perché mai si doveva aver tanto tempo a disposizione quando ormai non si aveva più nulla da fare?

Quella notte aveva anche dormito male, prima per il troppo caldo che lo aveva costretto ad accendere il condizionatore, poi per il freddo. Chissà perché non riusciva a togliersi dalla testa quei due mendicanti giovani e forti visti sul ponte.

Quando il campanile della chiesa batté le quattro, il professor Baraldi accese la luce, facendo oscillare un quadretto che conteneva le foto dei figli e dei nipoti.

Fu proprio guardandoli che a un tratto capì dove stava andando il mondo. Verso la maleducazione, ecco dove stava andando.

Il professore si alzò e, infilatesi le pianelle e la giacca da camera di cammello, uscì sul balcone.

Nella strada sottostante, illuminato e vuoto, stava passando un tram. Osservò i palazzi volti a oriente, al di là delle antenne e dei gabbiotti degli ascensori si cominciava a intravedere un tenue chiarore.

«Se tutto va in questa direzione», si disse, «allora che senso ha lasciare una discendenza?»

Fu in quel preciso momento, sul balcone, che il professore decise che avrebbe fatto qualcosa per i suoi nipoti. Per i suoi nipoti e per il mondo intero che andava inesorabilmente verso la maleducazione.

Rientrato in casa si lavò e si fece la barba; poi, vestito di tutto punto, con giacca e cravatta, si sedette allo scrittoio del suo studio e, con la grafia incerta dei vecchi, vergò su un foglio bianco: *Trattato dell'ordine e del rispetto*.

Domenica, alle otto di mattina, Rossella era già pronta. Aveva indossato una gonna turchese e una camicetta bianca e se ne stava ad aspettare seduta sul letto.

Maria le aveva detto che sarebbe passata a prenderla alle nove. Rossella era impaziente di uscire, di vedere la città. Conosceva a memoria le lettere che l'amica aveva scritto a lei quando era ancora alla missione. *Qui è bellissimo, ci sono tante cose da comprare e non passa un giorno che non ci si possa divertire.*

Maria aveva trovato lavoro in una famiglia con due bambini. Poco dopo il suo arrivo, vista la sua efficienza, i datori di lavoro le avevano fatto prendere la patente perché potesse accompagnare i figli in piscina e a lezione di inglese. Le avevano anche comprato una piccola automobile usata e proprio con quella, domenica mattina, sarebbe venuta da lei.

Rossella sospirò, stringendosi le mani. Di lì a un'ora il loro sogno si sarebbe realizzato, se ne sarebbero andate tutto il giorno in giro con la macchina per la città come due vere signore.

Quando finalmente suonò il campanello, Rossella si precipitò fuori dall'appartamento.

Maria l'aspettava sul marciapiede con un vestito aderente a fiori di tutti i colori.

Vedendola, aprì le braccia e lanciò un grido acuto. Rossella fece altrettanto e si abbracciarono forte. Ancora abbracciate, cominciarono a parlare e a farsi domande.

Quando finalmente entrarono in macchina, Maria asciugò due lacrime di emozione, poi si guardò nello specchietto retrovisore, ripassandosi il rossetto sulle labbra e il rimmel sugli occhi.

«Dove andiamo?» domandò Rossella, impaziente.

«Sorpresa!» rispose Maria e, con un brusco balzo in avanti, uscì dal parcheggio.

La "sorpresa" era un grande mercato di vestiti usati dove trascorsero l'intera mattinata.

Maria prestò a Rossella i soldi per comprarsi un tubino di lamé verde. Quel pomeriggio infatti sarebbero andate a una festa e Maria voleva che l'amica entrasse nella nuova vita come una regina.

Contorcendosi contro lo schienale del sedile, Rossella si provò il vestito in macchina. La chiusura lampo era laterale e tirandola sentì la stoffa lacerarsi.

Nello stesso istante fuori cominciò a piovere.

«Niente paura!» disse Maria, estraendo dal cassetto del cruscotto un completo da cucito.

La pioggia, adesso, cadeva con la violenza dei temporali estivi, il cielo si era fatto scuro.

Maria accese la luce interna dell'automobile e infilò il filo nell'ago.

«Dimmi della festa» disse Rossella abbottonandosi il corpetto.

E Maria, con lo sguardo fisso sul tessuto, prese a raccontarle del pomeriggio, di tutti i giovanotti che avrebbero incontrato e le spiegò, quali erano quelli tra loro che lei riteneva i più interessanti.

Quando, otto ore dopo, Rossella tornò a casa, aveva così male ai piedi che si tolse le scarpe nell'androne e salì scalza.

La luce del salone era accesa e il professore era seduto alla sua scrivania. Rossella gli passò davanti per raggiungere la sua stanza. Aveva ancora indosso il suo tubino di lamé verde. Nell'eccitazione delle danze si era scucito in più punti e s'intravedeva la carne scura.

Al suo saluto, il professore rispose alzando il capo.

Non disse nulla ma Rossella sentì il suo sguardo seguirla fino alla porta della camera.

Mentre faceva la doccia, rifletté sui consigli che le aveva dato Maria riguardo a Qualsiasicosa Arnilda.

Concentrata sulla possibile soluzione, Rossella uscì dal bagnetto e andò in camera per prendere gli slip puliti e la camicia da notte precedentemente preparata sul letto.

La camicia c'era, ma gli slip erano spariti. Si chinò per vedere se per caso non fossero scivolati sotto.

Niente, sul pavimento non c'era traccia delle sue mutande.

«Ah, no!» esclamò allora a voce alta e, ancora nuda, prese la limetta per unghie e la infilò nella toppa della porta.

Così Qualsiasicosa Arnilda non avrebbe più potuto entrare nella sua stanza.

Il professore era rimasto tutto il giorno a casa a compilare il suo trattato.

Per pranzo, aveva mangiato dei pomodori con la mozzarella che gli aveva preparato Rossella il giorno prima, tenendone un po' anche per cena.

Verso le tre, i suoi figli lo avevano chiamato da Gibilterra.

Quell'anno, per la prima volta, avevano deciso di fare una crociera tutti insieme, su uno yacht affittato. Erano partiti da Livorno all'inizio di agosto per raggiungere le Canarie e ad ogni porto si fermavano per telefonare al padre.

«Cosa stavi facendo?» aveva chiesto quel pomeriggio Annamaria al padre.

«Sto lavorando per voi» era stata la risposta.

Nell'attimo di silenzio che era seguito, il professore aveva potuto sentire distintamente le urla da selvaggi dei suoi nipotini. Evidentemente stavano saltellando intorno alla cabina telefonica.

Quella sera i figli del professore, mentre cenavano in un ristorante del lungomare, si erano chiesti se da quell'enigmatica risposta del padre vi fosse da temere qualcosa.

«Meno male che non ha più le chiavi dello studio» aveva detto la nuora.

«Già, per fortuna!» avevano concordato gli altri.

Tornando allo scrittoio, il professore aveva riletto le pagine già scritte. Con un certo orgoglio, riconobbe che avrebbe potuto fare il saggista altrettanto bene che l'amministratore.

Dopo una breve prolusione dedicata ai figli, ai nipoti e agli eventuali nipoti dei nipoti, affinché lo ricordassero per la sua rettitudine nei secoli dei secoli con affetto, era entrato subito dritto nel cuore del trattato.

La natura è maestra di ordine era stata la prima frase. A questa affermazione seguiva una descrizione dettagliata della vita delle formiche che aveva occupato ben due fogli protocollo compilati in tutte le facciate.

Soltanto alla fine della esibizione entomologica, per la quale aveva dovuto consultare l'enciclopedia di casa, il professore aveva iniziato ad affrontare la sua lezione morale, tutta incentrata, neanche a dirlo, sulla laboriosità come figlia dell'ordine.

In quell'istante il campanile della chiesa aveva battuto le sette e mezzo e il professore aveva deposto la penna per cenare.

Mentre richiudeva la bottiglia mezza piena di vino gli era venuto il dubbio che non fosse la laboriosità a essere figlia dell'ordine bensì l'ordine della laboriosità.

Tornò al tavolo e, per chiarirsi le idee, ripercorse, riempiendo una pagina intera, la meravigliosa vita delle api.

«Certo», esclamò alla fine, «la laboriosità è figlia dell'ordine, come ho fatto a sbagliarmi?»

A quel punto avrebbe dovuto fare un breve accenno ai mammiferi superiori, per poi passare a ciò che gli premeva, cioè all'uomo e al suo futuro di maleducazione.

L'unico grande mammifero che conosceva – per averlo visto in Abissinia – era il leone. *Guardate ragazzi*, scrisse allora, *com'è maestoso e nobile il re della foresta.* Sulla parola foresta rifletté un attimo. I leoni stavano sempre in grandi spazi aperti. Cancellò "foresta" e scrisse "savana".

Il leone, riprese e subito si fermò.

Cosa facevano i leoni?

Personalmente lui li aveva sempre visti immobili, al sole o all'ombra. Se non facevano niente tutto il giorno come potevano essere così aristocratici?

Con gesto lento il professore rimise il cappuccio alla stilografica.

Nel suo teorema c'era una falla.

Forse non avrebbe dovuto spingersi tanto in là. Dagli insetti bisognava passare dritti all'uomo, perché gli insetti e l'uomo si assomigliano più di qualsiasi altra cosa. Altrimenti come avrebbe potuto giustificare l'assunto: solo l'ordine e il rispetto ci differenziano dal mondo animale?

Fu proprio mentre rifletteva su questo che

vide Rossella passargli davanti con il suo vestito strappato, facendogli aprire un nuovo spiraglio nella mente.

I negri, scrisse di getto, *sono gli esseri umani più vicini agli animali, infatti non conoscono né l'ordine, né il rispetto*.

Il professore guardò il foglio soddisfatto, con quella frase aveva avviato in modo eccelso il lavoro del giorno dopo.

Chiuse l'opera in una cartelletta e si alzò dallo scrittoio. Dopo una breve passeggiata in salotto, si sedette in poltrona. «Oh, Arnilda» disse e sospirò forte.

All'improvviso, sentì qualcosa di strano nell'aria. Annusò allora due o tre volte: «Arnilda! Odore di leone nella stanza!».

E nel momento stesso in cui disse leone, vide davanti agli occhi la carne scura e morbida di Rossella fluttuare abbondante tra gli spacchi del lamé verde.

Il mattino dopo, il professore si svegliò molto più tardi del solito.

Guardandosi nello specchio del bagno notò di avere un brutto colorito.

Aveva fatto molti sogni durante la notte e tutti molto agitati.

Prendendo i vestiti dalla sedia si accorse che sul pavimento c'era qualcosa di bianco.

Raccogliendole, vide che si trattava di un paio di mutande di pizzo sintetico.

Dopo essere uscito per andare a comprare il giornale e a bere un caffè al solito bar dell'angolo, il professore tornò a casa e si mise seduto allo scrittoio. Aprì la cartelletta, sfilò il cappuccio della stilografica e lesse l'ultima frase scritta il giorno prima.

Nella stanza accanto Rossella passava l'aspirapolvere, cantando a squarciagola.

I negri, scrisse allora il professore, *sono come i bambini: cantano, ballano ma non sanno fare di conto.*

Si fermò.

Il rumore lo distoglieva dalla concentrazione. Rifletté se fosse il caso o meno, per l'efficacia del trattato, chiamare i negri "negri". Gli venne in mente la discussione avuta con sua figlia Annamaria poco dopo l'arrivo di Rossella. Lo aveva infatti sentito parlare al telefono di una certa "perugina" con un suo compagno di canasta.

«Chi sarebbe questa perugina?» gli aveva chiesto la figlia, con circospezione. L'idea che il padre potesse avere un'amante in grado di trasformarsi in una probabile sanguisuga di eredità ossessionava i figli.

Quando però il professore le aveva spiegato che la perugina altri non era che la negretta del tucul, Annamaria aveva assunto un'espressione compunta e gli aveva fatto notare che la parola "negro" era offensiva e lo aveva aggiornato sull'uso dei termini sostitutivi più rispettosi e moderni.

Il negro, insomma, nel linguaggio corrente doveva essere definito unicamente come una "persona di colore", così come il cieco era un "non vedente" e il paralitico un "non deambulante". C'era una tendenza a trasformare gli aggettivi in participi preceduti da una particella negativa.

Se così fosse, pensò allora il professore, sarebbe più giusto e più coerente chiamare i negri "non bianchi". Appuntò quest'idea su un fogliettino volante, poteva essere un ottimo spunto per un nuovo trattatello.

In quell'istante, entrò Rossella, ancora con il grembiule da lavoro addosso.

«Professore, io vado mercato. Che comprare?»

Lui si girò e la guardò sbottonarsi la veste a fiori.

«Compra dei cetrioli.» E quando lei era già sulla porta di casa, senza sapere perché aggiunse: «Prendili grossi!».

Si erano fatte le undici. Il professore tornò al trattato. Non avrebbe lasciato passare la mattinata in modo infruttuoso.

Tanti anni fa, cari ragazzi, io ho combattuto una guerra contro i non bianchi e perciò tutto quello che dico, lo dico con cognizione di causa.

Rilesse la frase. Ci poteva essere il rischio che "non bianchi" venisse inteso come gialli. Vicino a "non bianchi" aggiunse allora un asterisco, lo riportò in fondo al foglio e aggiunse accanto: *"non bianchi d'Africa"*.

Dalla finestra aperta cominciavano a giungere gli odori del pranzo. Tra quelli della frittata e dello spezzatino, il professore ne percepì uno che non era di cucina. Si alzò e vide il grembiule di Rossella appoggiato sul divano. Seguiva la piega dello schienale e dei cuscini come se dentro vi fosse seduta la ragazza.

Il professore lasciò la scrivania dimenticandosi di chiudere la stilografica.

Da una cabina telefonica vicino al mercato Rossella chiamò Maria.

«Come va?»

«Qualsiasicosa Arnilda mi ha rubato le mutande.»

Maria tacque.

«È grave», disse poi, «molto» e bisbigliando il nome di una vecchia conterranea che abitava lì vicino, promise che l'avrebbe richiamata a casa del vecchio quanto prima per darle le istruzioni sul da farsi.

Rientrata a casa, Rossella andò dritta in cucina, posò la spesa e guardò l'ora. Era tardi, si infilò il grembiule di cucina e sul tavolo di marmo prese a tagliare i cetrioli a tocchetti.

Quando sentì la voce del televisore, con la scodella in una mano e il pane nell'altra, si avviò verso la stanza da pranzo.

Accadde tutto in cinque minuti. Vedendo nuovamente i cetrioli tagliati in modo barbaro, il professore balzò in piedi furioso e, tenendola per un polso, la trascinò in cucina.

«Prendi i cetrioli» gridò.

Lei ne prese uno, tremante.

Lui glielo strappò di mano e, invece di metterlo sul tagliere, cercò di infilarglielo su, in mezzo alle gambe.

La ragazza, urlando, si divincolò e andò a chiudersi nella sua stanza.

Rimasto solo, il professore cominciò a sentire una specie di scossa salire su per il braccio. La scossa diventò una fitta, il cetriolo rotolò a terra e lui cadde a peso morto sulla sedia.

Quando, un paio d'ore dopo, squillò il telefono, il professore era ancora seduto sulla sedia. Si alzò a fatica e raggiunse l'apparecchio dell'ingresso.

«Abbiamo un'avaria al motore» disse Annamaria.

Dall'altra parte, silenzio.

«Pronto, pronto?! Papà, sei lì?»

«Giarabub» bisbigliò il professore.

«Papà, ti senti bene?»

Ci fu un lungo sospiro nel ricevitore. «Il braccio... mi fa un po' male un braccio.»

«Sei caduto?»

«No, non è niente, sarà quel vecchio reumatismo.»

«Cosa c'entra Giarabub?»

Il professore sospirò di nuovo. «Cos'è questa storia dell'avaria?» chiese parlando con una certa fatica.

«Ancora non si sa, stiamo aspettando il meccanico. Perché non chiami il dottor Melandro?»

«Fa caldo come in Africa» rispose il professore. Subito dopo s'inserì una voce estranea nella comunicazione, vi gracchiò un po', dopodiché la linea cadde.

Per un istante il professore si guardò intorno indeciso sul da farsi. Poi si mise il panama in testa, indossò la giacca di lino e, con passo strascinato, uscì di casa.

Più tardi il telefono squillò di nuovo.

Dalla porta della sua camera Rossella ascoltò attentamente, per capire se il professore fosse uscito. Poteva essere Maria che la chiamava per darle le istruzioni. Alla fine, prese coraggio e scivolò fuori dalla stanza. Sollevò il ricevitore, rimanendo silenziosa, in attesa.

«Come va?» Era proprio la voce di Maria.

«Maria...» sussurrò Rossella, «se sapessi» e le raccontò quello che era successo.

Quando riattaccò, Rossella andò in cucina, aprì il congelatore e ne estrasse un fagiano con le piume avvolto nel nylon, lo portò sul balcone e, liberatolo dall'involucro, lo mise a scongelare al sole. Poi tornò in camera, si chiuse a chiave e cominciò a scrivere una lunga lettera alla sua famiglia.

Anche il professore, al suo ritorno a casa, provò a scrivere. Il male al braccio si era un po' affievolito, ma non riusciva a ritrovare la lucidità dei giorni prima.

I riti, scrisse, *sono un'altra delle cose che ci distinguono dalle bestie. Se infatti un animale muore, per i suoi simili non sarà altro che un banchetto succulento, ma se muore un uomo, lo si veste con i suoi vestiti migliori e si dicono preghiere intorno al suo corpo per procurargli la salvezza dell'anima e tutti fanno a gara per ricordare le cose belle che ha fatto nella sua vita.*

A dire il vero, questa riflessione non era molto ben collegata con quello che aveva scritto fino allora. Era però una frase importante così prese un lapis rosso, la circondò con un tratto e, con una lunga freccia, ne indicò la giusta posizione alla fine del foglio protocollo. Anche gli studiosi di professione, pensò, probabilmente procedono in un modo analogo.

Le campane della chiesa cominciarono a suonare.

Il professore contò i tocchi: sette bassi e due acuti.

Le sette e mezzo.

C'era ancora molta luce nella stanza e dalla finestra aperta non giungeva più alcun rumore.

Sono tutti al mare. Al mare o ai monti, pensò il professore.

Si sollevò dalla sedia a fatica e con brevi passi si diresse verso la stanza da pranzo.

Passando per il salotto lo sguardo gli cadde su una sua foto di gioventù. Indossava la divisa da ufficiale fascista, stava dritto in piedi, le mani sui fianchi, sullo sfondo, si stagliava un boschetto di palme.

«*Tout passe*» bisbigliò e scosse piano la testa. Ormai sapeva che la saggezza era un attributo della vecchiaia.

Rossella lo aspettava in piedi vicino al tavolo, con una padella in mano.

«Uova, professore!» gli disse, appena lo vide e con gesto brusco gliele versò nel piatto.

«Arnilda mia, che malagrazia!» borbottò il professore legandosi al collo il tovagliolo.

«Chissene...» gridò la ragazza, sparendo in cucina.

Dopo cena, il professore raggiunse ancora lo scrittoio. Su un foglio pulito, con il lapis rosso annotò la parola *chissene*. Accanto, tra parentesi, scrisse *chissenefrega* con un punto interrogativo. Sottolineò il tutto due volte e chiuse il foglio nella cartelletta assieme agli altri.

Alla televisione davano un varietà con delle ballerine dalle cosce un po' grosse. Ogni tanto compariva un comico e diceva delle battute scoppiando a ridere in modo esagerato.

Il professore ascoltò per qualche minuto, poi siccome si annoiava e si sentiva la testa pesante, si alzò e andò a dormire prima del tempo.

La mattina dopo si svegliò ancor più tardi del solito. La luce era già alta nella stanza ma si accorse di non aver nessuna voglia di alzarsi.

Pensieroso, strinse il cuscino. Invece del tessuto morbido, le sue dita toccarono qualcosa di polveroso e secco.

Tirò fuori la mano e prese gli occhiali dal comodino.

I suoi polpastrelli avevano delle strane macchie rossastre.

Sorpreso, si alzò e rivoltò il guanciale. Accanto a un mucchietto di penne bruciacchiate, c'erano dei grumi di sangue rappreso.

Si precipitò in bagno per guardarsi nello specchio. Potevano forse essere tracce del suo sangue uscito nottetempo dalla bocca o dalle orecchie. Ma le piume? Le piume certo non potevano essere sue.

Si ricordò allora di certe storie che gli raccontava l'Arnilda quando era bambino. Di notte, gli diceva, le streghe vanno in giro per i letti e seminano malefici e incantesimi. Per dare più peso alle sue parole, un paio di volte gli aveva persino mostrato delle matasse di lana intrecciate a chiodi che aveva trovato sotto il suo materasso. «Vedi Pupo», gli aveva detto, «sono passate. Le streghe passano.»

Erano quelle immagini, ora, a tornargli in mente.

Quando squillò il telefono, il professore era ancora in pigiama. Attraversò il salotto, infilandosi la vestaglia e si lasciò cadere a peso morto sul divano.

«Papà», disse il figlio maggiore, «come stai?»

In quell'istante il professore sentì la fitta al braccio rifarsi viva. Cominciò a respirare pesantemente.

«Nel cuscino» disse ansimando «ci sono delle piume.»

Il figlio non rispose. Sullo sfondo, si sentiva qualcuno battere con il martello.

«È di piuma il tuo cuscino, no?» chiese poi esitante.

«L'Arnilda dice che passano... Sono passate.»

«Papà», gridò il figlio, «che ora è? Come ti chiami? Pronto? Pronto?!»

Ma dall'altra parte non sembrava più esserci nessuno.

Il figlio uscì dalla cabina e raggiunse la sorella in un bar lì vicino. Era convinto che lei avesse il numero del medico curante, lei era sicura che, invece, ce l'avesse lui.

Cominciarono a litigare.

«È colpa tua», gridava Annamaria, «perché tu, in realtà, sei sempre stato invidioso, non gli hai mai voluto bene!»

«No, cara, sei tu che te ne sei sempre fregata. Se gliene avessi voluto, non avresti fatto il matrimonio che hai fatto!»

Con l'arrivo dei rispettivi coniugi, i due fratelli si calmarono. L'unica cosa da farsi, disse il marito di Annamaria, è chiamare qualcuno a Roma che possa mettersi in contatto con il medico.

Quando Rossella entrò in salotto con il piumino in mano, del professore vide soltanto una mano che sporgeva dallo schienale.

Si avvicinò con circospezione, poi, per capire se fosse vivo, gli mise lo spolverino davanti al naso.

Le piume di struzzo si mossero debolmente.

Scivolando sulle pattine, corse a chiamare Maria. Era sola a casa, i suoi padroni se ne erano andati al mare.

«Vengo subito» le disse.

Un quarto d'ora dopo era da lei.

Rossella la portò tremante in salotto.

«Hai visto? La vecchia non sbaglia mai» esclamò soddisfatta Maria.

«E a... a... adesso?» domandò Rossella.

«Non preoccuparti. Lo portiamo in ospedale così sembra tutto normale.»

Avvolsero il professore in una vecchia coperta militare e lo trascinarono giù per le scale.

Il portiere era in ferie.

Nessuno le vide, neppure quando lo caricarono piegato in due sul sedile posteriore.

Maria mise in moto e mollò di colpo la frizione, la macchina fece un balzo in avanti.

Era il quindici di agosto, la città semideserta.

«Da che parte andiamo?» chiese Rossella.

«Non so di preciso, ma vedrai che non sarà difficile trovarlo.»

Cominciarono a girare piano per le strade del centro. Ad ogni bivio fermavano l'auto e leggevano le varie indicazioni.

«Qui non c'è niente» disse dopo un po' Maria e svoltò in un viale che non avevano ancora percorso.

Ogni tanto Rossella sollevava la coperta per controllare se il vecchio era ancora vivo.

«Respira ancora?»

«Sì, mi pare di sì.»

A parte questa laconica conversazione, nell'auto regnava un gran silenzio. Sapevano entrambe che se il professore fosse morto in macchina, la vendetta di Qualsiasicosa Arnilda sarebbe stata terribile. Avrebbe cercato di entrare nei loro corpi, per devastarle.

Il professore cominciò a respirare a fatica.

«C... chiediamolo a qualcuno» balbettò Rossella, spaventata.

Maria vide un chiosco di giornali aperto e si accostò. Rossella si sporse dal finestrino.

«Ospedale, dove, prego?»

«Quale ospedale?» domandò l'edicolante sospettosa, sbirciando dentro l'auto.

«Uno», rispose Maria, «uno qualsiasi!»

La donna si grattò il mento. «Andate dritte avanti per di qua, poi al terzo, no, che dico, al quarto semaforo girate a sinistra, poi andate dritte fino al mercato comunale e lì, lì chiedete ancora che non è lontano...»

La macchina ripartì. Ormai era ora di pranzo e per le strade non c'era più nessuno.

Al quarto semaforo, come aveva detto la donna, girarono a sinistra. Le case cominciavano a diradarsi, tra l'una e l'altra c'erano dei piccoli prati brulli.

Al bivio successivo nessuna delle due si ricordava la direzione da seguire.

«Mi pare destra» diceva Maria, ma Rossella scuoteva il capo.

«No, a sinistra.»

Alla fine si risolsero per la sinistra.

Era una strada lunga e dritta contornata da piccoli prefabbricati e depositi di macchine vecchie.

«Non c'è nessun mercato» osservò dopo un po' Rossella. Maria fece una brusca inversione a U.

«Avevo ragione io», disse, «era a destra.»

Girando e rigirando, si persero. Del mercato comunale non c'era traccia.

Intanto il professore stava sempre peggio, il suo respiro era diventato rapido e affannoso, come se stesse per strozzarsi.

«Presto. Dobbiamo fare presto», disse Maria.

Ora erano sotto un cavalcavia e davanti a loro si apriva una strada larghissima, a quattro corsie. Un camion sfrecciò a tutta velocità, facendole spaventare.

«Q... qui non c'è nessun ospedale!» bisbigliò Rossella.

«Ho un'idea» disse Maria e mise la freccia.

«Dove andiamo?» chiese Rossella ma prima che Maria le rispondesse si erano già fermate sul bordo della strada accanto a un divano sfondato.

Non molto lontano s'intravedeva la figura di una ragazza in minigonna che leggeva una rivista sotto un alberello malato.

«Qui c'è tanta gente», disse Maria, scendendo dall'auto e afferrando la coperta con il professore, «Aiutami... lo mettiamo lì. Vedrai che qualcuno si ferma e lo porta all'ospedale.»

Nel compiere l'operazione, per un attimo gli occhi di Rossella si incrociarono con quelli semichiusi del professore.

«Andiamo», disse, appena lo ebbero sistemato sul divano, e montò in macchina chiudendo con violenza la portiera.

Mentre si allontanavano, Maria controllò nello specchietto retrovisore se la ragazza che leggeva si fosse accorta di qualcosa.

No, stava immobile nella stessa posizione di prima, con la rivista aperta sulle gambe.

«Se non lo portano subito in ospedale, Qualsiasicosa Arnilda salterà dentro di lei» osservò Rossella.

Maria sollevò le spalle e borbottò «Chissene...».

«Già chissene...» ripeté con un sospiro Rossella mentre, nello specchietto retrovisore, il vecchio sul divano diventava un puntino grigio perso in fondo a una strada invasa dal sole.

Indice

Finito di stampare nel febbraio 2011 presso
il Nuovo Istituto Italiano d'Arti Grafiche - Bergamo
Printed in Italy

ISBN 978-88-17-04845-3